身为职场女性

女性事业进阶与领导力提升

［美］ 萨莉·海格森（Sally Helgesen） 著
马歇尔·古德史密斯（Marshall Goldsmith）
陈小咖 译

HOW
WOMEN RISE

BREAK THE 12 HABITS HOLDING YOU BACK FROM
YOUR NEXT RAISE, PROMOTION, OR JOB

机械工业出版社
CHINA MACHINE PRESS

不管跳槽还是升职，创业还是转行，都是职场生涯的一次"进阶"。进阶之后的你也许会发现一个问题：那些帮助你走到今天的工作习惯，现在反而成了卡住你的障碍。为了改变这一局面，两位作者在本书中总结了 12 个足以破坏职场女性进阶之路的坏习惯，比如"不愿提及自己的贡献""更注重手头的工作，而不是职业生涯的总体发展"，等等。在本书中，两位作者也分别列出了解决办法，给出了针对职场女性的转型方案，让你在准备进入和已经进入工作新阶段时不再迷茫。

HOW WOMEN RISE by Sally Helgesen and Marshall Goldsmith.

Copyright © 2018 by Sally Helgesen and Marshall Goldsmith, Inc.

Simplified Chinese translation copyright © 2019 by Beijing Guangchen Culture Communication Co., Ltd.
Published by arrangement with authors c/o Levine Greenberg Rostan Literary Agency through Bardon-Chinese Media Agency All rights reserved.

本书由 Beijing Guangchen Culture Communication Co., Ltd 授权机械工业出版社在中华人民共和国境内（不包括香港、澳门特别行政区及台湾地区）出版与发行。未经许可的出口，视为违反著作权法，将受法律制裁。

北京市版权局著作权合同登记 图字：01-2019-0265 号。

图书在版编目（CIP）数据

身为职场女性：女性事业进阶与领导力提升／（美）萨莉·海格森（Sally Helgesen），（美）马歇尔·古德史密斯（Marshall Goldsmith）著；陈小咖译. —北京：机械工业出版社，2019.4（2022.4 重印）

ISBN 978-7-111-63022-7

Ⅰ.①身… Ⅱ.①萨… ②马…③陈… Ⅲ.①女性-成功心理-通俗读物 Ⅳ.①B848.4-49

中国版本图书馆 CIP 数据核字（2019）第 124446 号

机械工业出版社（北京市百万庄大街 22 号　邮政编码 100037）
策划编辑：坚喜斌　　　责任编辑：於　薇　　侯春鹏
责任校对：李　伟　　　责任印制：孙　炜
北京联兴盛业印刷股份有限公司印刷

2022 年 4 月第 1 版第 9 次印刷
145mm×210mm·7.875 印张·3 插页·155 千字
标准书号：ISBN 978-7-111-63022-7
定价：59.00 元

电话服务　　　　　　　　网络服务
客服电话：010-88361066　　机　工　官　网：www.cmpbook.com
　　　　　010-88379833　　机　工　官　博：weibo.com/cmp1952
　　　　　010-68326294　　金　书　　　网：www.golden-book.com
封底无防伪标均为盗版　机工教育服务网：www.cmpedu.com

谨以此书献给弗朗西斯·赫塞尔本，我们的朋友，我们的导师，我们的英雄！

推荐序一
致力于优秀女性看得见的行为改变

随着全球经济的发展，女性在领导力发展方面亦呈上升趋势。这种趋势变化背后的因素是多方面的——社会进步与女性独立自主意识的崛起，技术发展导致对体能要求的降低，从产品到企业管理由纯理性、功能性方面的追求转向对"感性力"的倾斜，以及在快速、多变、模糊、不确定性时代对直觉、连接、包容能力的要求，都助力了女性的超越和发展。女性不仅在家庭中拥有较强的消费决策权，在政治、经济、文化等各个领域均掌握了更强的影响力和话语权。据有关数据显示，全球女性高管比例已连续十年持续攀升。

中国经济引擎的高速运转也给职场女性带来了前所未有的机会，她们几乎在所有的领域都取得了非凡而迅速的进步。但是在大多数领域，虽初入职场甚至是步入中层管理者的男女比例相差无几，然而在中层之后，女性管理者的数量便呈现出断崖式的衰减。

多年来，我有幸与许多的优秀女性共事，见证了她们在各自舞台的精彩绽放；我也陪伴过很多的优秀女性，她们努力勤奋、才华横溢，然而事业的阶梯却在最好的年华戛然而止。冰冷的数据和亲身的经历，不由让我思考：究竟是什么阻碍了女性的进一步发展？女性如何能够在给定的现实环境中更好地提升自己？

当我打开《身为职场女性》一书时，我瞬间确信，这就是我在寻找的答案，它能够帮助那些正在遭遇事业瓶颈的女性走出职场困境，让自己更为强大。

本书的两位作者在女性领导力领域有着卓越建树，他们没有把笔墨放在男女平等，或职场歧视这些现实中的确存在的外部因素上，而是放在了基于他们数十年亲身经历、研究总结出的女性管理人员的行为习惯上。确切地说，放在了十二个阻碍女性职业发展的行为习惯上。

这正是让我兴奋和欣慰的原因，也是本书的价值和我推荐的理由："打破事业瓶颈，从细微的行为习惯改变开始。"这绝非夸大其词！正如本书所提到的，"多项研究表明，女性在沟通共情、业绩交付、团队管理、培养后备等方面的领导能力都优于男性"。因此，更多杰出的女性有理由走向职业巅峰。只需丢弃那些束缚和限制我们追求更高职业目标和理想的行为习惯，那个原本自信的、优秀的、光彩夺目的，能够为这个世界创造美好价值的自己必将再次绽放。 就像米开朗琪罗所说："大卫原本就在石头里，他只是把非大卫的部分凿掉，大卫自己就出来了。"

领导能力的行为模式对领导者最为重要。 因此，发展新的行为模式就成了领先企业人才发展战略的核心。 但与知识、技能的发展不同，行为模式发展的关键在于模仿和不断的精进练习。 每个人的优势、弱点，职业诉求和发展阶段都不尽相同，如何找到阻碍自己进步的行为习惯并加以改善也因人而异。 而本书正是这样一场探究之旅。

早在 2005 年，《哈佛商业评论》刊登了一篇由英国伦敦商学院和欧洲工商管理学院两位教授联合撰写的文章——《管理真实性·伟大领导力的悖论》，并引发了广泛的关注和探讨。"领导力要求伟大的领导者们展现真实的自我，但真实性的概念却常常被人误解，甚至包括领导者们自身。虽然，真实主要是由别人从你身上看到什么而定义的，但究其根本，在很大程度上是你自己可以控制的。 倘若真实单纯只是一种天生的品质，你能对它做的少之又少，你也因此很难把自己打造成为更有成效的领导者。"

的确如此，我见证了太多女性，包括我本人，或多或少都因为女性与生俱来的某些特质、观念或社会偏见而自我设限。 如将事业心简单地定义为对权力和金钱的欲望，是自私、自我膨胀的表现；又如基于对企业及团队或者对老板的忠诚，将升迁或谋求新发展视为对原有关系的背叛；再如对人际关系高度敏感，渴望寻求能带来内在回报的个人友谊，将无利益的关系视为纯洁，是自己值得被信赖和尊敬的证明；再如将对家庭、子女无止境的付出视为美德或牺牲。这些观念或"执念"可以说是影响职业持续发展的关键所在。 这也就是为什么那些聪明、努力、勤奋、正直并能交付业绩的女性，通常晋升到一定的位置，然后会在那里待上相当长的一段时间，或停滞不前，或滑向下坡。 同时，这也为我的长久思索提供了答案：那些当初将你成功带向基层管理者的能力和习惯，如今却可能成为你迈向更高职业平台的阻碍。 同样优秀的女性，两种不同的人生，其根源或许在于，成功者追求并切实践行卓越领导者的行为模式，而非受限于女性惯性的个人习惯。

因此，本书的意义在于帮助那些真正渴望实现自我价值的女性，找到认知的盲点和理解误区，在其选择的人生道路上做出最积极的改变。 决定出路的人是自己，不断迎接挑战的也是自己，可喜的是，成功的女性往往是积极的自我改变者。 人们渴望成就和成长，这不仅限于渴望荣耀加身，还在于人们对卓越的不懈追求，是推动社会更加美好的动力。 一个家庭、一个组织，乃至一个国家、一个民族的群体素质，在很大程度上取决于女性的优秀程度。 女性崛起，意义重大。

一本书是否真正能让你"顿悟"，能成为你生命的转折，因素众多，或是机缘所致。但不断学习的心是没有恐惧的，也许只有那样的心才能探究那不可衡量的境界和真实的自己，才能让自己真正到达想去的地方。宋代理学家朱熹先生在《上光宗疏》中曰："居敬持志，为读书之本；循序致精，为读书之法。"或许，你我可以带着这样的心境和方法来阅读此书。

本书作之一马歇尔·古德史密斯博士曾在"彼得·德鲁克基金会"任职十年之久，德鲁克先生曾对马歇尔说："你应该把你的使命宣言写在 T 恤上。"多年后，马歇尔·古德史密斯博士不仅将"致力于看得见的行为改变"写在 T 恤上，而且让众多人从中受益。去年，我有幸组织了马歇尔·古德史密斯博士的"教练工作坊"，与他仅有一天的师生之缘，但其作为全球 CEO 教练第一人，高管教练领域的绝对翘楚，让我一直不间断地学习和研究他的论著。在教练课程间隙，马歇尔·古德史密斯教授提出发放"红利"——亲自为女性学员做十分钟的引导。这短短的十分钟，让我感受到了他对女性发展的深切了解和体悟，以及他高超的引导技术。

"致力于看得见的女性行为改变"。本书对打破阻碍女性事业和个人成长的行为习惯，指导身处困境的女性意义非凡。

为此，我非常欣喜此书得以付梓，非常荣幸为本书作序。籍此，表达我对萨莉·海格森女士和马歇尔·古德史密斯博士的敬意，感谢他们几十年来在女性领导力领域的专注和卓越贡献。期待并相信有幸得遇此书的女性，如能致力于看得见的行为改变，定能收获更为丰盛、美好的人生。

许芳

TCL 大学执行校长

推荐序二

遇见更好的自己

在人生面临"停滞"、事业陷入"瓶颈"时该何去何从？ 面对这个问题，现代职场中的女性也许都经历过许多困惑、挣扎和思考。 最近阅读的一本书《身为职场女性》也在探讨这一问题，书中的某些观点让我产生了共鸣。 回顾我自己的职业生涯，我发觉作者和我自己都在践行一种理念：职场女性要迎来自己更美的绽放，关键就是要努力去"遇见更好的自己"，通过自省，发现克服阻碍自身进步的"坏习惯"，不断改善和成长。

十多年以前，我以加州理工学院经济学博士的身份进入了咨询行业，第一个雇主是位于洛杉矶的一家高级经济顾问公司。 在那里，应付工作很容易，每天我只要花很少的时间就能完成手头的任务，但这让我开始恐慌。 我想要知道自己能力的上限，想要始终维持"成长"状态，于是，我进入了麦肯锡。 在麦肯锡的工作是另一番面貌，那里有高强度的工作和高效率的运转。 然而，就在我进入麦肯锡的第二年，我收到了人生成绩单上的第一个"C"，这是公司内部非常严重的业绩警告，大概意思就是说：我们没有从你身上看到从事这个行业的潜质。这背后的潜台词就是，嘿，我们对你的能力深表怀疑，你还有 6 个月的时间，再没有改观的话，你就要卷铺盖走人了。

这对我来说无疑是一个非常大的打击。尤其是年轻时的我一向自以为还算聪明。我到底是哪里出问题了？更要命的是，我不觉得是我有问题，这只是我的工作方式，别人根本不知道我能做出什么成绩，又凭什么评判我？我觉得无论怎样，自己的工作都不会被肯定，也得不到欣赏，因而一度陷入消沉。这时与我共事的一位项目经理提醒我说："你知道吗？如果别人这么肯定地觉得你有问题，与其抱怨，你还不如花点精力好好反思一下，就算不是别人所说的那些问题，也可能会发现别的问题。"这句话点醒了我，我反省了很久，并逐一去找领导谈话询问自己哪些方面做得不好。

这样一来，竟真的找到了答案。原来，作为一个刚毕业的博士生，我一直有着"自己埋头苦干"的工作习惯，我把咨询工作的任务当成给老师交作业。而咨询工作，需要我有领导、协调和沟通的能力，与他人建立联系的能力，而并不仅限于我引以为傲的专业的经济学素养和闷头做事的习惯。这实际上涉及本书中提到的好几个坏习惯，如"未与他人建立有效联系""过于看重专业技能的作用""期待别人自然而然地注意到你的贡献"。 后来，经过调整与努力，我学会了如何管理：包括通过管理与他人互动、管理工作和自我管理。 到现在，我还认为，我在麦肯锡取得的最重要的成就不是工作上的，而是我在个人内在层面战胜与提升了自己。 这让我受益至今。

我相信人是有成就动机的，不论男性还是女性。 现代职场生活给了我们大量成就自我的机会，但是其中也有潜在的危险，那就是所谓的"舒适区"。 归根结底，这是因为人同时也是有惯性的。 而相对于男性而言，女性更容易抗拒改变。 这与女性从小接受的教育、家庭环境，以及社会观念相关，更与我们的生活结构中男性与女性在角色上的分配紧密联系。 成功的女性注定要承受更大的压力，但她们也具备了男性所没有的优势。 女性凭借专业知识、协调性、沟通能力等方面正在越来越多的领域里实现"逆袭"，她们有能力与男性平起平坐，甚至在很多方面做得更为出色。

此外，职业与家庭、进步与享受的矛盾无时无刻不在困扰着我们，这是渴望在职场中取得进步的人们必须经历的挑战。 这一切的前提是"做更好的自己"。 这也是本书致力于为我们解决的问题。 要做更好的自己，我们首先需要认识自己。 特别是认识到自己的处境，以及那些让自己面临

"停滞"、陷入"瓶颈"的弱点和细节。很多本来有着良好素养和潜在价值的职场女性，无意间走上了一条"自我毁灭"的路。她们也没有意识到，正是自己的工作习惯，让自己陷入了停滞。实际上，所有的职场人士，不分男女，都容易陷入思维定势，也就是习惯的陷阱中去而不能自拔。能否发现它们，进而做出改变，决定着我们能否走出现状，迈上下一个台阶。而这本书的意义就在于特别总结了十二条女性容易踏入的陷阱。分享了相对更常在职场女性身上出现的基于工作与个人发展的一系列"坏习惯"，让我们有更大的勇气走出"舒适区"，这意味着面对未知，但也意味着可能获得的新成长。

在读《身为职场女性》这本书时，我觉得时常能看见曾经的自己。几多风雨过去，我们终将与自己和解，在每一次驻足回望时，我们终将平心静气地接受自己曾经的不完美，也为自己取得的进步而欢欣，同时向过去的那个"我"致敬。

余进

埃森哲战略大中华区总裁

推荐序三
拥有强者的思维方式和领导风格

能够为《身为职场女性》一书作序，对于我来说是一件很愉快的事情。女性领导力具有极大的独特性。在中国传统文化中，女性是温文尔雅的，而本书的作者一针见血地提出"女性比男性更渴望赢，把赢看作成功和满足感的关键"。在丛林法则统治下并且充斥着竞争压力的职场中，男性的崛起尚且不容易，而女性要想崛起，则是难上加难。对于那些赢的欲望比男性更强烈的女性来说，需要克服的困难更是难以想象。正因为职场女性走向成功的路上充满着挑战与困惑，所以更需要有经验的人为职场女性提供经验指导，本书为我们提供了一个难得的提升分享机会。

在我的领导力课堂上，一个在外企工作的女学员说："自己带着中国传统文化的思维特征参与职场活动，包括谦虚、低调、发言简短抓重点、务实、服从领导，却发现不能赢得领导和同事的认可。因为国外的同事主张自信、夸夸其谈、喜欢争执、挑战权威。本来中国人尊重领导是一个好的习惯，却被外国的领导者评价为缺乏勇气。而如果大胆表达自己，又被评价为高傲。话说多了，被评价为多嘴；话说少了，被评价为该说的时候不说"。这是一家设在中国，以外国人为主体的外企。而在一家以中国人为主体的外企有男学员说："我们这跨国公司就不是这样，以中国传统文化为主流，那几个外国人因为不适应，总去外国老板那里告状，老板让这几个外国人适应我们中国人的沟通方式。"说明在跨国公司的跨文化沟通中确实存在急需解决的问题。跨性别沟通也是如此。在职场中，女性崛起困难重重。干得不好，被评价为"女人天生不行"；干得太好，又被评价为"野心勃勃"，并遭到潜在竞争者的羡慕、嫉妒，甚至仇恨与陷害。

本书中一家银行的高级经理说："我公司的工作环境完全符合丛林法则，每个员工都极其富有进取心，所有人都认为必须干掉对手才能自己上位。"因为受丛林法则的统治，所以职场是强者生存的地方。女性要想崛起，必须建立与环境相适应的领导力，克服不利于生存的习惯。女性要放弃那些属于弱势群体的思维模式，让自己拥有强者的思维方式和领导风格，才能够在强者丛林中获得立足之地。

作者根据多年的经验，提出了女性需要放弃的思维模式和领导风格，特别是在中国传统文化中成长起来、带着传统女性特征进入国际化职场的女性，更需要转变思维模式和领导风格。

中国的传统文化认为：善欲人知不是真善，恶恐人见便是真恶。因此我们容易只做不说，相信付出总有回报，人在做天在看。但是，在国际化的职场中却不是这样，如果不愿意提及自己的贡献，做出了努力自己不说，期待别人自然而然地注意到你的贡献，但是每个人又都很自我主义，而想努力超越别人的同事又只说他们自己，则自己的工作努力就传递不到高层主管那里去，就会使得自己在高层领导者那里不能产生影响力，自然也就减少了晋升的可能性，成为毫无结果的"苦干家"。总想取悦别人，建立了很好的人际关系，却不能用来提升自己在职场中的权力和地位，这种"好人"一定是个吃亏的受气包。实际上，伦理道德和职场规则不完全一样。中国传统文化主要讲究伦理道德，为提升自我修为，只做不说是可以的，因为修养的是自己的心性。而职场则是论功行赏的地方，自己的修为首先要符合伦理道德，但是在此基础之上的工作，必须要记载下来、说出来、写出材料向上汇报。这不是自我吹嘘和不谦虚，而是符合职场实际的游戏规则。善良而没有智慧就是懦弱，智慧而没有善良就是邪恶。因此要提升自己的平衡力，要能干，还要会说。

女人多感性。由于感性，所以非常富有热情。但如果在冷漠和职业化的职场中夹杂太多的个人感情，受伤的往往会是自己。随着知识的普及和人们学习力的提升，越来越多的职场女性也知道并熟悉了职场的游戏规则，变得越来越理性了。通过提升情商以管理情绪，让自己的感情不轻易夹杂在领导行为之中。不再追求完美主义，不苛求自己，也就不会苛求下属，自然也就不会轻易生气。毕竟情绪化的领导会极大地伤害员工的感情，削弱其自身的领导力和员工的"追随力"。

同男性领导者一样，女性领导者在工作中难免失误，因此要"吾日三省吾身"。男性领导者回顾失败时会发火，往往把相关人等骂一通了事。而女性回顾过去的失败会责备自己，越是责备越是后悔，越后悔越萎靡不振，本书把这种状态叫作"过度反刍"。时间长了，就成为职场中的"祥林嫂"，这种消极心态会削弱女性的领导力。因此内省要有限度，符合中庸的智慧："内省不疚"，也就是说要内省，但不要内疚，找出原因后，就放下。这就是佛说的"无所住而生其心"。

领导力是一个人能量的表现形式，一个人能量越大其领导力就越强。职场领导力的能量由四部分构成：业务能力、人格魅力、职位权力、沟通能力。首先要有良好的业务素养，拥有岗位核心能力，具有岗位胜任力，这样一个组织才会因为能够创造价值而存在。 人格魅力让自己具有亲和力和吸引力。 沟通能力就是人际能力，领导者的人际能力比业务能力更重要。 那些认为自己只要业务过硬，其他都不在乎的人，只是注重手头工作，而不是整体职业生涯，只能永远亲力亲为做业务，不会被提拔到领导岗位，因为领导者要发动别人去工作，要能够引领群体开创未来。 沟通能力让自己产生影响力，好人出在嘴上，好马出在腿上。生命的质量取决于沟通的质量，因为士为知己者死，女为悦己者容，神为通己者明，马为策己者驰。 沟通好了就可以达到《周易》的智慧："天地交而万物通，上下交而其志同"，可以在组织中如鱼得水。 当然在沟通中要充分平衡好"雷达式"思维和"激光式"思维的关系，大脑只有集中于一件事情的时候，神经的活跃度最高。 权力是实现个人意志的工具。 如果能够管好自己，就具备了个人领导力。 如果能够领导三个人，就具备了团队领导力。 如果能够领导三个团队，就具备了领导组织的能力，获得了组织领导力。手下的人越是卓越，则自己的领导力也就越强，否则格局不够，不具备包容力，水浅撑不起大船。

本书作者根据自己的阅历和相关人员的经验，提出了影响职场女性崛起的十二个坏习惯，读起来让人感到身临其境受到熏陶而产生思维方式的转变，故而感悟出很多相关的原理，并能够指导自己的职场实践。 在一个国际化的工作环境下，有进取心的女性应该注意这些事项。 此书值得一读。

我虽然写出了《阳光心态》《情商与影响力》《追随力》等畅销书，但都是基于中国文化背景和案例而推演，而这本《身为职场女性》让我耳目一新，对于我具有非常大的启发价值。 非常感谢作者萨莉和马歇尔无私奉献的知识，感谢陈小咖老师准确的翻译，并诚挚地向国内职场女性们推荐。当然，男性领导者看过后，也能更成功地领导女性下属和应对女上司。

吴维库

清华大学经济管理学院领导力与组织管理系教授

畅销书《阳光心态》《情商与影响力》《追随力》

《以价值观为本》《竞争与博弈》作者

目　录
Contents

第三部分　　**改变自己**

第一部分

陷入瓶颈期

1. 源起

2015年，萨莉和马歇尔的共同好友兼同事给他们两人各发了一封电子邮件，邮件的主题是"一个疯狂的想法"。你问是什么想法？答案就是一起写出现在你手上拿着的这本书。

他们立刻就意识到这是个好主意。若问原因，那就要从最一开始说起。

马歇尔在2007年出版了一部畅销著作：《没有屡试不爽的方法：成功人士如何获得更大的成功》（*What Got You Here Won't Get You There*，以下简称《没有屡试不爽的方法》）。封面上贴了一个金色的标签，上面写着："搞定你需要打破的20个工作习惯。"随后，马歇尔的明星学员之一，福特汽车集团首席执行官艾伦·穆拉利称赞这本书道："马歇尔在书中所论述的改进过程，简直振奋人心！"这句称赞无疑为他的著作提供了最强有力的背书。

马歇尔在书中列出了20种工作习惯，它们足以令那些想要更上一层楼的成功人士停滞不前。他不止一次发现，这些习惯不仅让很多本拥有天赋的人无法发挥全部潜能，削弱自己领导力和激励他人的能力，甚至还会让自己和职业生涯脱节。作为享誉国际的领导力教练之一，书中列出的案例都是从马歇尔数十年的执教生涯中提炼出的精华。

这本书最重要的观点完全在书名中得到了体现：让你走到今天的那些工作习惯可能是错的，它们会阻碍你更上一层楼。因为这些习惯在过去实在太奏效了，所以你很难打破它们。你反倒更愿相信，正是这些坏习惯成就了今天的自己。

同时，马歇尔的这本书并不只是为那些位于金字塔尖的高管或领导写的，它的受众很广，中层管理人员也普遍适用。而事实证明，那些让你走到今天的工作习惯，基本上都会成为你未来迈向更高层面的绊脚石。

自出版以来，马歇尔在世界各地分享并发展了自己在书中的观点。但在这个过程中，他发现自己在《没有屡试不爽的方法》中列出的"太以自我为中心""过于好斗"等问题很少出现在成功女性身上，尤其是在以自己 2015 年的畅销书《自律力》（*Triggers*）为专题举办的一系列女性研讨班中，他发现了很多女性领导者的不同之处。

比如她们更倾向于说出自己的不足，而不是已经取得了哪些成就；她们更愿意变成别人心中的完美模范，而不是按照自己的心意活着；她们总是很容易道歉，很容易认错，即使有些事情和她们一点关系也没有。

我们都是血肉之躯，都会有自己无法超越的短板。也许男人和女人有时会出现相同的问题，但在大多数情况下，性别带来的差异非常明显。在寻求职业发展和做出更大成绩的职场之路上，女性会面临不一样的挑战。所以这也就不难理解，为何女性需要在职场中不断变换和适应新角色。并且大多数企业对女性的奖励机制也和男性有一定差异，这也对她们的工作产生了影响。我们将在下一节中详细分析这一点。

马歇尔在撰写《没有屡试不爽的方法》时列出的案例和相应的问题，有80%来自于他所培训的男性，所以也难怪这本书对成功男士更为奏效。他本没打算专为"他们"而写，他一直认为书中的方法对所有需要重塑自我的成功人士具有普适性，并且在此后的培训生涯中还会得到不断的发展和改进。但在与女性共事的过程中，他越来越意识到，成功女性若想再向前一步，她们需要做出的改变远非如此。

再来说说萨莉。

自1990年出版《女性优势：女性领导方式》（*The Female Advantages: women's ways of Leadership*）后，萨莉·海格森在与女性领导者多年共事的同时，研究并出版了多部与女性领导力相关的著作。由于《女性优势：女性领导方式》是第一本探讨女性应该如何以自己的方式在一个企业中发光发热，而不是一味地去改变自己来适应企业的书，也就是从那时开始，越来越多的企业认识到女性领导力的重要性，也经常邀请她做培训讲师。

因此，萨莉花费了近30年的时间来帮助全球范围内的女性提升自己的领导力，还通过与管理团队磋商，为企业留住了更多具有天赋的女性领导者。在这个过程中，萨莉更加深入地了解到女性在职场中面临的具体挑战，这也让她有机会得知，到底是什么了挡住了女性成功地向前一步。

1996年，在专为领导力专家创办的"进步者联盟"（Learning Network）中，马歇尔与萨莉相识，并成了挚友。但他们从来没想过会一起合著一本书，直至收到开篇那封题为"一个疯狂的想法"的邮件。

由于二人丰富的经验和深厚的友谊，我们可以相信本书是一本足够专业、有效，而且指向性明确的女性领导力进阶手册。它不仅能让成功女性在职场中更加成功，还能让其放大自己，为企业，为其所在的社群，甚至为整个世界带来更多的正能量。萨莉认为这本书可以让女性看清困住自己几十年的职场绊脚石，而马歇尔认为这本书是自己从事领导力培训30年来的一次重大突破。

两位作者在写书的过程中，遇见过很多"灵光一现的时刻"（aha moments），这让他们确定女性可以通过本书明白是什么在阻碍她们前进。这也让他们对本书充满信心，并且相信其具有潜在价值。

马歇尔的灵光时刻来自于传奇女性领导人：弗朗西丝·

赫塞尔本⊖，她曾出现在《女性优势：女性领导方式》一书中，在本书中，她也会多次出现。

长年领导美国女童子军的经历让弗朗西斯成了一个管理专家，并且赢得了全世界的广泛关注。彼得·德鲁克⊜曾经写道，弗朗西丝可能是自己见过的最优秀的领导者，他还曾建议通用汽车公司聘请弗朗西丝进入董事会。从美国女童子军卸任后，弗朗西丝又担任了彼得·德鲁克公益基金会的主席，该基金会也就是后来人们所熟知的"领导人对话学院"(Leader to Leader Institute)。

在漫长而精彩的职业生涯中，弗朗西丝赢得了公司、军队以及非营利性组织领导者及世界各界人士的尊重和赞誉，获得过数不清的嘉奖。她还获得过 23 个名誉博士学位，上过美国《商业周刊》(*Business Week*) 的封面，获得过代表美国公民最高荣誉的总统自由勋章。当时是马歇尔陪她一起参加了白宫的授奖仪式。

弗朗西丝还在美国女童子军任职期间，马歇尔就已与她

⊖ 弗朗西丝·赫塞尔本。美国著名领导力专家，美国德鲁克基金会创始人、首任 CEO 兼总裁，美国西点军校领导力研究主席，美国领导与领导学会主席。

⊜ 现代管理学之父，其著作影响了数代追求创新以及最佳管理实践的学者和企业家，各类商业管理课程也都深受彼得·德鲁克思想的影响。

相识。那时他在红十字会做志愿者，他们的一位共同好友时任红十字会首席执行官，也是弗朗西丝的董事会成员之一。在听马歇尔介绍完他为提升学员领导力而发明的"360°反馈法"之后，弗朗西丝认为自己也可以从该方法中获益，于是马歇尔开始了对她的培训。作为培训中的一环，马歇尔采访了弗朗西丝的董事会成员、直接下属、股东等人，然后写了一份全面的报告书。

果不其然，弗朗西丝的反馈结果十分优秀。但她见到这份报告书的第一反应是："天啊！我居然还有这么多有待改善的地方！"然后她飞快地列出了自己想赶紧改善的清单，居然有27项之多。这让马歇尔十分惊讶：一位如此优秀的女性领导者居然会对自己如此严苛，还如此急切地想要改变。

要知道，如果是同样地位的男性领导者拿到这样一份报告书，他们一定会对自己的表现十分满意和自豪，并且认为自己做到这种程度已经无可指摘，也不太需要再做改进了。他也曾见过一些男性领导者得到过非常负面的反馈报告，但他们的第一反应是提出质疑："如果我真的那么差，我为什么会坐上现在的位置？"或者"我去年赚了500万美元，而你居然告诉我要改变这一切？"

相比之下，马歇尔意识到弗朗西丝最需要被培训的一点，就是学会不要对自己太过严苛。在接下来与女性领导者共事的过程中，他也越来越意识到这一点的重要性。不管多么高效地工作，获得了多少认可，她们的眼睛还是只放在自己的缺点上。而每次培训女性领导者时，说服她们不要太过苛求自己，几乎成了"开场惯例"。

所以马歇尔的最重要发现，就是女性有苛责自己的倾向，更愿做出改变；而男性则先为自己鸣不平，然后质疑对自己的批评。

而萨莉最重要的洞见是从自己身上发现的，这让她有些痛苦。因为这个习惯曾经在她工作早期时非常有帮助，而现在却成了阻碍。有一次，她和马歇尔要一起为一个为期半天的罗得岛州女性工程师研讨会发表演讲。就是这次演讲，让她发现了自己的问题。

通常在发表重要演讲之前，萨莉都会花费很长时间来排练，然后记住自己在演讲中想传达的主要信息点，以确保在当天流畅无误。所以在演讲的前一天，萨莉早早到达了普罗维登斯（罗得岛州的首府），然后在酒店里像往常那样为自己的演讲做准备。马歇尔来得很晚，所以他们约好第二天早上，等主办方来接他们去会场时，在酒店大堂碰面。

第二天早上，在主办方的人到达时，马歇尔突然发现自己没有带演讲时要穿的裤子，所以他要求司机在途中遇到商场时停一下，这样他就可以买一条卡其裤。司机同意了。一路上，萨莉十分惊讶于马歇尔的淡定状态。因为对她来说，发表演讲时没穿对裤子简直是一个噩梦，而且她真的梦到过自己在演讲台上没穿裤子！但马歇尔的状态就好像他已经见过太多风浪，这种小事根本不足以撼动他。

到达会场后，有300多名女性等在那里，唯一一个男洗手间还被贴上了女士的标志，而且就在会场正前方——那是个所有人都能看到的位置。马歇尔往里探头望了一眼，就在他要退出来的时候，一不小心脑袋撞上了门后的挂衣钩，然后重重地摔在了地板上。当他再站起来的时候，所有人哄堂大笑。萨莉看到此情此景又一次忍不住想，在一开场就遭遇这种状况，如果换成自己，她能忍受得了吗？

在当天的演讲中，提前进行紧密准备的萨莉反而卡在了自己的演讲中，马歇尔的演讲却十分流畅。经过那样严密的准备，她觉得自己应当讲出了自己想传递的所有关键点，事实上却远不及马歇尔行云流水般的状态。

在预定结束时间的前一个小时，马歇尔提前结束了演讲，因为他把自己的飞机起飞时间搞错了，所以他不得不赶去机场。马歇尔向观众表达了歉意，并且相信萨莉会为本次演讲完美收官。这让萨莉又一次忍不住想，如果今天是自己把飞机起飞时间搞错了，她还能否淡定地做演讲。当萨莉要继续的时候，所有观众都站起来欢送马歇尔。她能感觉到，连会场的空气都跟着马歇尔一起走了。

后来萨莉意识到，她这样精疲力竭并试图确保所有细节的准备其实并没有帮上什么忙。勤奋和自我克制的确在她演讲生涯的早期发挥了巨大的效用，但是把自己的"尽职尽责"与马歇尔平和包容的风格进行比较，她发现观众或许更享受后者的演讲，也会学到更多。因为她演讲的动力是让自己表现得更完美，而不是能够给观众带来什么。

马歇尔很少表现得完美，可观众却如此喜欢他。他那种带点"笨拙"的表现反而让自己走下神坛，变得更加亲民，这就可以让观众在听演讲时更加放松。他所传达的信息就是，不要过于在意那些小细节。他的表现也让人意识到，一个不注重完美的人是可以带来价值和影响力的，而且不管发生什么状况（忘带裤子啦，当众摔倒啦，弄错飞机起飞时间啦……），他都可以应对自如。

这么一比较，萨莉的表现就有点"和自己过不去"的意思了。

你可能也会猛然间意识到，从前那些帮助过自己的工作习惯，现在反而挡了自己的道；也许你也曾和萨莉一样，费尽心思地想要更完美，想要不负众望，甚至给每一次轻松的对话中加入一些专业价值；也许你总是在演讲中过于紧张，想要说得更多，甚至让自己原本的思路被那些细节带跑；也许你更希望自己的努力被自然而然地肯定和奖赏，而不是需要你大力鼓吹才能被发现；又或许你总是把手头的工作摆在职业生涯发展前，以此彰显你对公司的忠诚，却最终没有赢得那些对你的表现最有话语权的人的重视。

如果你也遇到了上述问题，或者你预感到类似的问题会阻碍你职业生涯的进阶之路，那么请继续读下去，因为这本书就是为你写的。

2. 你在何处

你现在处于工作或者职业生涯的什么阶段？你对自己的工作满意吗？它让你的才能完全得到发挥了吗？你是否衡量过自己的潜在优势，而不是只看自己眼下的成绩？你是否觉得自己的工作不仅实现了个人价值，甚至还改变了这个世界？

毕竟，你需要明白对自己来说什么才叫成功，什么才叫进阶。也许是升职加薪；也许是在更广阔的天地里大有作为，获得更多赞誉；也许你想要在公司未来发展中获得更多话语权；也许你自己想要发展一份新事业，或者开展一个新项目；也有可能你想把自己的思想灌输给合伙人、消费者和客户；或者你想为帮助女性进步做出自己的贡献。

这些想法都没错，因为你要明白，"进阶"的定义是非常个人的，它只属于你自己。但通常，进阶的阻碍也是非常个人的：因为你可能意识不到自己常年的工作习惯需要改一改了。

就像我们在前几章中所讲的那样，这些习惯早年在你的工作中非常有效，因此你难以抛弃它们。但当你迈上新台阶、需要承担更多责任的时候，这些让你走到今天的习惯就开始拖你后腿了。不管是对男人还是女人，这一点都一样，区别只在于具体的习惯。

我们把重点放在改变工作习惯上，并不是在责怪女性没有以原本预想的速度升职，只不过是多讨论一些影响女性进阶的外在障碍。公司里那些抱成一团的"老哥们"（old boy's network），性感的上司，不愿聆听女性员工想法或者在会议中只顾着自说自话的男同事，让你忙得没法建立家庭的事业，更适用于男性的绩效评判标准，潜意识中对雇佣女性员工或女性升职的偏见……这些对女性的阻碍的确存在，并且今后还会持续存在。

尽管在过去的 30 年中，女性在各领域的职场中都表现得十分出色，但碍于职场的大环境以及男性为女性制定的标准，很多女性依旧觉得无法展才、信心受挫。所以我们再次强调：对于那些我们都知道的阻碍，我们不想视而不见，但也不会言过其实。写这本书的目的不是给你提供一张走出那些外在障碍的地图，而是希望你能意识到阻碍你自己前进的内因。

毕竟，不管外在环境如何，你的行为仍受你自己把控。如果你的上司只喜欢和能陪他去高尔夫球场的男员工交谈，那么试着去改变这一点，总比坐以待毙强。如果公司的评价体系让女性处于不利地位，你可以做一个为此发声的人，并且你可以尝试和人力资源部的同事一起寻求改变的可能，虽然不能期望他们会迅速抛弃原有的体系。

彻底改变一个你已经在职场生涯中坚信多年的习惯、行为或者态度，这是一件非常挑战自我的事，并且会在很大程度上影响你的成功。就算往小了说，做出改变也会提高每日的工作效率，为你未来达成目标做准备。

所以，请把本书看作是让自己变得更好，并能让自己在工作中获得更多满足感的一本书。

你如何定义"成功"？

在开始之前，我们必须要清楚地知道"成功"一词的含义，这将是一个会在本书中频繁出现的词语。经验告诉我们，女性定义该词和男性往往有着较大的区别，这也意味着她们的定义和企业传统意义上定义员工（通常是男员工）的成功也是有区别的。

比起金钱和地位等要素，女性更愿意看到自己在职场中的确发挥了价值或者自己的贡献带来了实际的影响力，她们更愿意把成功与此挂钩。职场女性喜欢团队协作和与客户沟通的过程，有时间管理的能力，并且相信自己的努力会给世界带来正向的改变，这都是许多成功女性的前进动力。

当然，这并不意味着钱和地位对她们来说不重要，事实上恰恰相反。如果一个公司对员工的努力没有给出相应的回报，对此意见最大的一定是女性。这的确会影响到她们对于成功的理解和判断。毕竟钱和地位仍旧是公司用以肯定员工价值的"胡萝卜"，而且我们大部分人工作的主要动力都出自于对金钱的需求。

然而很多企业没有留住优秀女性员工的原因之一，是他们仍旧认为只要提供高职位和高收入就已足够，而工作本身的质量如何不是问题。实际上，很多女性离开了高位高薪但质量低的工作，因为她们认为这样的工作"不值得"。

或许这并不是普遍的现象。作者只是根据多年的观察与经验，还有一些调查数据支撑着这个结论。

比如萨莉和她的同事茉莉·约翰逊曾在著名的调查公司——哈里斯互动公司（Harris Interactive）做过调研，通过数据了解到男性和女性在工作中感知、定义和获取满足感的区别，还为此出版过一本专著：《女性视角：女性在工作中的真正力量》（*The Female Vision： Women's Real Power at Work*）。

这个调查选取了818位男性领导者和女性领导者，他们的手下都管理着超过50名员工。该调查显示了很多女性与男性对于工作满足感的共同认识，比如领导自己的员工做出超越预期的成效，自己的努力得到了认可，等等。

但调查也显示出了男性领导者更希望自己的工作成果能够带来升职加薪，而女性则更关注自己这段工作的经历。如果这段日子让女性难以忍受，那么即使获得了升职加薪，她们也不会有满足感。

虽然不一定要求每天都过得充实愉快，但最起码要让她们觉得这份工作是值得的。

马歇尔基于自己常年的领导力培训经验可以得知，男性是多么看中金钱和地位，甚至把此当作判定自己或他人成功的唯一标准。这种判定标准和攀比心理会导致他们忽视自己的家庭、友谊和社群关系，尽管这些一直以来被证明是一个人快乐和满足感的重要来源。

萨莉和茱莉还发现，男性比女性更渴望赢，他们把赢看作是成功和满足感的关键。他们很享受打击竞争者的快感，希望"自己的分数遥遥领先"，希望自己的贡献和满足感可以被具体的数字量化。而女性很少在竞争和比分中获得满足，还总是不厌其烦地强调某个成功是团队合作的结果。相比于男性更愿意说"自己来主导成功"，女性更愿意说"我愿意竭尽所能来确保项目的成功"。

马歇尔常年的工作经验肯定了这些发现。男性最渴望的就是赢，眼前的任何事情都可以被他们看成是比赛，即使有些事情的输赢根本就不重要。与此相反，女性在工作中其实也不想输，但她们更希望通过自己的努力使得自己的团队赢，而不是为了个人赢。

这种不把金钱、地位、输赢看作成功标准的想法其实是女性心态好的体现，而且这对团队和企业来说都十分有益。但它也有不好的一面：或许女性在常年的努力工作中成全了他人，却委屈了自己。天性里的自我牺牲精神，导致了很多足以使自身职业发展停滞不前的工作习惯。

读完本书你会明白，发挥你的天赋，让你抓住机会的方法并不是不假思索的冒险，而是恰恰相反，你应该让自己的每一次选择带有明确的目的性，并且找出那些让你停滞不前的习惯。

停滞不前的困境

你怎么知道自己是否遭遇瓶颈了呢?

停滞不前的表现多种多样,尽管如此,它们还是有着内在的联系。比如:

- 你觉得有些东西在阻止自己前进了,或者阻碍了自己过本想过的那种生活。
- 你觉得很难让自己从令人情绪低沉的事件中走出来。
- 你觉得自己的工作成果不再受到肯定和欣赏。
- 你觉得你周围的人根本不知道你还能做出什么样的成绩。

造成你停滞的原因可能是间接的,比如是比你更高级别的领导的错误导致了你现在的情况——这很有可能是事实。但你也不妨去想想自身的原因,毕竟你对事件的反应造成了你现在的状况,而你的行为也会对别人如何看待你造成影响。这就是为什么我们一直强调,发现自己工作习惯中的问题至关重要。

我们来看几个案例。

案例一　你没有从擅长的工作中得到肯定

埃伦是硅谷一家公司的软件开发工程师,这家公司为女性的发展提供了很多优越条件。她是一名很有天赋的工程师，并且还是一个外向、热情并且比她的同事社交能力更强的人。因此在 3 年的工作中，她建立起了强大的人脉关系。

她称自己为"中间人"，在各种关系中发挥一个支点的作用。工作伙伴经常给她发邮件提需求或问问题，而她会替他们找到有资源或可以帮忙的人。这使得她所在的部门效率很高，工作流程明晰顺畅，老板也常为此夸赞她所在的部门。

埃伦对自己在部门中发挥的组织和协调能力感到十分自豪，并且她相信这是自己对于部门的最主要价值。而公司的年会上，老板对她的评价让她十分震惊："她应该让其他同事知道她的存在，并且为部门的成绩做出更多贡献。"

"我简直不敢相信，"她说道，"我做得最好的一点居然被老板当成了缺点，还在年会上公开批评这一点！"

所有努力和能力都不为所知，埃伦觉得自己在公司被无视了，而且她认为自己遇到了一个没良心的老板。"我真是太难过了，"她说，"他怎么可以无视我的贡献呢？"

直到几个月以后，埃伦听到一个职业生涯管理教练谈起了让别人关注你的工作成果的重要性，埃伦才意识到自己做错了什么。

"我终于明白，老板忽视我的原因很简单，我根本就没让他知道我都做了些什么。不管是日报、周报还是月报，我从未向他汇报过我在部门的日常工作中所扮演的中间人角色。我只是希望他能够自己看到这些。但他又不会监测我的邮件，或者每天站在我办公室门口观察进进出出的人，他怎么会知道我都联系了谁呢？我的努力让他注意到了部门的进步和发展，却完全不知道我个人的贡献。"

埃伦让我们知道了工作中需要打破的第一个坏习惯：不愿意提及自己的贡献。还有第二个坏习惯：期待别人自然而然地注意到你的贡献。

案例二　刚一上任就只顾埋头工作

克莱尔最近在自己工作的金融机构里得到了很大的一次晋升，她成为高风险投资评估部门的总监。她从前经手的是投资银行业务，对于条例甚多的风险投资行业不是太了解，这让她倍感压力。而她上一任的所作所为让她的压力更大，因为他的鲁莽决断导致机构受到了政府部门的处罚，现在公共形象堪忧。

为了重建公司名誉，给自己的团队重拾信心，临危受命的克莱尔打算用上任的前三个月时间来熟悉所有条例和其他相关知识。她觉得自己必须成为这个领域的专家，这样才不会做出错误的决断。只有做完这些准备工作之后，她才能松口气，想办法重建已经支离破碎的部门员工之间的关系。

但是几乎是上任的第一天，克莱尔就被洪水般的工作需求和那些她根本就看不懂的信息淹没了。部门的人想明确地知道她需要他们做什么，而公司的领导团队也希望信息能够同步。克莱尔知道公司里有可以帮助她的人，但在完全了解风险投资行业前，她不想麻烦任何人。毕竟她才是这个部门的负责人，她必须亲自跟进每一步工作，并且对其了如指掌。

克莱尔打算先与同事保持距离，这会让她有更多时间更快地了解工作内容，这却给同事留下了一个冷漠且难以亲近的印象。她的直接下属抱怨她没有给出明确的工作指示，而她的执行团队中有很多人担心她和上一任总监一样，对他们刻意隐瞒信息。

最后，公司的首席执行官把克莱尔叫到了办公室，这个她认识了快 20 年的人怒气冲冲地质问她到底在搞什么。他说自己把克莱尔调到这个位置上就是因为公司里的人都很信任她，而现在看来，她正在挥霍这份信任。

克莱尔不得不承认，她的错误恰好符合与本书中的第三个坏习惯：过于看重专业技能的作用。以及第五个坏习惯：没有在上任第一天就与下属建立联盟。

案例三　承担过多工作，只为取悦他人

米兰达是一家国际法律机构的高级顾问，她的公司在经过几次合并之后得到了迅速的发展，她也因为自己擅长商业法而经常接到首席律师委派的重要任务。她的业务能力让她看到了自己的价值，并希望在公司中大有作为。但她知道，要想升职，她必须在公司的核心委员会中表现活跃，并且要与公司各个部门的同事搞好关系。

米兰达表现得异常积极，承担了很多工作。比如给公司的人事行政部门管理为女性领导者和中文使用者专门定制的网站，给公司的全球委员会议撰写邀请函，她为此要经常被各种细节的设计淹没。虽然这都是她擅长并享受的工作，却很难见到公司的领导。

而且要平衡这些"杂事"和自己要处理的陡然增多的商业案件任务，的确是个不小的挑战，但她对于工作十分"贪心"，并为此感到自豪。因此在和她同业务领域的另一位高级顾问询问她是否要加入公司举办的"模拟招聘计划"时，她立刻就答应了。因为这个项目要询问各个部门的用人需求，她把这看作是一次可以和各部门领导认识的机会。

但在实际执行的第一天她就发现，这个工作主要是听员工们抱怨一些行政上的细节，而不是像她设想的那样，可以和领导谈论招聘人才的话题。她很快就感觉到力不从心了，因为她自己的常规工作量也不小。她打算放弃这个任务，但又怕她的同事失望。

她有些担忧地向同事表达了自己的意愿，没想到他很快就同意了，并且也表示这个项目确实有很多细节有待商榷。

于是她问同事，既然如此，为什么要推荐她去做这个工作呢？

"哦，"他无动于衷地回答道，"我实在太忙了，而你看起来是个什么工作都会接受的人。"

米兰达意识到，自己完全符合工作中的第八个坏习惯：总想取悦他人。

让你停滞的是习惯

埃伦、克莱尔和米兰达都是有天赋、努力、聪明而且有进取心的职场女性，她们也都选择了可以给自己提供发展空间的公司，而且也在努力试图让自己的职业生涯走上不断前进的道路。她们每一个人都想像谢丽尔·桑德伯格所说的那样："向前一步（Leaning In）。"

但是她们也无法逃出这个魔咒，那就是早年间有效的工作习惯现在反而在阻碍你更进一步。

比如说，埃伦起初在一个初创公司做软件开发工程师，她只有一个顶头上司，不用汇报，他也知道自己做了什么，所以她已经习惯于不用表功也不用汇报自己工作的成果。而她现在就职的大公司是多个部门竞争的状态。在这种情况下，她过去"不浪费老板时间"来汇报工作的习惯就变成了缺点。

类似的情况也发生在克莱尔身上，她过去养成的"埋头苦干"的工作习惯是因为她曾经是一名银行职员，而这种精神也是她比同事升职更快的原因。但是她的新职位要求她有更好的领导能力，而不是努力工作的精神和专业的素养。这就意味着她不能够忽略建立与下属之间的联系，以及给下属下达明确的指示。她被提升到现在的职位上是因为她的正直可信，而不是因为有风投行业的知识素养。由于没有与部门里具有专业素养的人建立良好的关系，她传达出了一种"不信任下属"的信号。这就让部门的同事产生怀疑——她是否在隐藏什么？

最后，米兰达试图以积极承担工作任务来取悦同事的习惯，是早些年在另一家法律机构工作时养成的。她误以为，自己能如此快速地升职，就是因为自己从不拒绝指派给自己的各项工作任务，这让她忽略了高层让自己升职的战略性意义，并且总是无偿承担一些和自己本职工作关系不大的任务，这给了那些只为自己职业生涯考虑的同事利用她的机会。

这些本来有着良好计划和潜在价值的职场女性，无意间走上了一条自我毁灭的路。她们也没有意识到，正是自己的工作习惯让自己陷入了停滞。

"自动驾驶仪"

除了有身临其境的体验之外，停滞期的反应还会深深地嵌入你的身体。那些习惯不止会让你逐渐适应、难以改变，甚至会让你觉得它们就是你身体的一部分，而你生来如此。

如果你因为厌恶当众讲话而推掉一次演讲的机会，你或许会替自己解释自己天生如此，从高中开始就是这个样子了。如果你不习惯在工作报告会议中谈及自己所做出的贡献，你可能会觉得自己没有做错，因为妈妈从小就教导你，只有自私的人才会总谈论自己都干了些什么。

这就从心理学角度解释了为什么让你做出某种改变时，你会觉得恐惧，因为你必须要突破层层困难，打破所有印象中认为理所应当的事。这是一种需要花费很长时间才能完成的训练，而且很有可能会让一个人崩溃，所以你可能需要专业的指导。

但是用新的习惯来代替旧的习惯，以此改变一个人的行为方式，这完全可以是自发的。你可以自己完成这个过程，而无须从心理医生或者专家教练那里获得帮助。就像你过去一定有过改掉某个坏习惯的经历。比如你在青春期里曾经吸过烟；比如你总喜欢在看电视时吃很多爆米花；比如别人跟你说话的时候，你只是假装在聆听，其实根本无法集中注意力；再比如，你总是习惯性地在任何场合迟到5分钟（甚至10分钟、15分钟）。

当你发现你可以克服困难，改掉某些习惯的时候，你就会明白你并非天性如此，它们并不代表"你的本来面目"。这些习惯只是暴露了你成长过程中积累下来的问题，最后逐渐变成了你行为中的"默认模式"。

很多习惯的开始自有其原因。也许你是要找一种方式来化解压力；也许你只是随大流，或者不得不与周围人保持一致；也许你只是想对一些势不可挡的状况表示漠视。

但问题是，很多习惯会持续保留下去，即使那些一开始让你养成某种习惯的原因已经不存在了。这也就是为什么，你不管花费多久去回忆某个习惯是如何开始的，都可能是白费力气。你已经习惯性地重复这些行为太长时间了，所以它们已经变成了你下意识的生理反应，就像条件反射一样。

换句话说，你的习惯并不代表你的天性。

它们只是你在"自动驾驶仪"的操控下做出的行为。

当你受到自动驾驶仪的操控时，你甚至都不会思考当下是一种怎样的状况，这一刻发生了什么，你在面临何种挑战，你应该如何应对……你只会做出某种下意识的反应，而这些反应就是你一直以来早已适应的习惯。因为大脑总是懒，不愿耗费太多脑力，而这样做，你的大脑就省劲多了。

很多时候，你根本意识不到你自己都做了什么，所以你当然也不会察觉到很多习惯是否有问题。

当埃伦从不向老板汇报自己为了部门高效运转而扮演中间人角色的时候，她没有意识到这是自己的习惯，而这个习惯是有问题的。低调做事、从不表功已经成为她的下意识行为。

克莱尔从来不会觉得为自己的职位好好准备专业知识有什么问题，因为努力学习和努力工作是她多年来处理一切问题的不二法门。如果对自己的业务知识不熟悉，她会觉得不舒服。

米兰达从来不会停下来想想，如果对自己的同事说"不"会让自己离预想的目标更进一步，因为她多年来已经习惯于做一个"好好女士"。这个"好"字在她想要思考之前就已经从嘴里飞出去了，完全不受自己的控制。

在面对职场角色的转变时，她们还在用旧瓶装新酒，从而使自己困在原地。

走出瓶颈期

如果你想要走出瓶颈期，并且摆脱这些不会再对你有帮助的工作习惯，你首先要做到的就是意识到它们的存在。你得先把它们从潜意识里拉出来，暴露到意识层面，这样你才能尝试用其他习惯来代替它们。

这个过程可能会有些难堪，甚至可以说是危险。你会因此觉得很受打击，觉得自己很蠢，甚至会觉得自己的所有秘密都被一览无余。但是我们必须得承认，这一切都是值得的，在数十年的时间里，已经有成百上千的人证明这么做是有效的。一旦你迈出第一步，你就会觉得自己的能量和自信得到了释放，而这种能量会促使你继续努力、持续进步。

埃伦的成果

当埃伦情绪恢复，意识到老板不知道自己所扮演的中间人角色，是因为自己从来没有让他知道以后，她开始做出积极的尝试。每周五上午，她都会给老板发一封电子邮件，持续了三个月。在邮件中她会列出本周自己都和哪些人联系过，并且简述自己如何帮助了他们。她从没写出自己的工作计划或者请求老板的指示。她只是陈述事实。

她说："最一开始，我觉得这一切荒唐极了。我总是忍不住想，老板那么忙，为什么我要耽误他的时间让他关心我的事？我觉得自己实在太自私了，而且这种一直强调自己工作成果的行为简直就像在拍马屁。很多时候，老板是不会回复这封邮件的，这让我忍不住想，他是不是对此感到厌烦？可有时当他回复我'干得漂亮'时，我又觉得自己做对了，以后还要继续保持下去。"

三个月以后，埃伦和她的老板像往常一样召开了每季度的总结会议。当她进入会议室的时候，她的老板居然站起来迎接她——他通常都是坐在自己座位里的。"他说的第一句话就是他很高兴，我把我联系的人都告诉了他。因为他觉得这很重要，这都是他应该知道的信息。他认为我的角色对加强团队合作十分重要，这点对他的工作也很重要。我做梦都没想到自己会有这么一天，但这一切都是真的。"

克莱尔的成果

在公司的首席执行官让她意识到自己正在失去同事的信任时，克莱尔醒悟了。"我当时真想立刻就辞职，要么就找个洞赶紧钻进去。一想到我让我的下属，甚至是整个董事会感到失望时，我简直痛不欲生。"她立刻回复上司，自己会立刻改正目前的失误，并在第二天下午就先给他几个亟待改进的关键点。

"我也不知道我要给他什么改进计划，但我认为自己当时的反应是正确的。因为上司是个执行力很强的人，没空听你给自己失误的找借口，他只想看到行动。并且，他不会等你到月底提交一份详细的计划书，你一定要先给出几个非常明确而关键的要点。"

她以列出上任以来的所有错误作为开始，不是为了审查自己，而是自然而然地让它们流露出来。那天晚上，当她看到自己的笔记时，很多问题暴露了。她发现自己是多么害怕对某些领域的问题表现得无知，可有些知识她并不需要了如指掌，而这种恐惧让她选择不去求助别人，也没有在上任之初就和下属建立联盟。

第二天，她在给上司的改进计划里包含了以下要点：她部门里的员工对风投行业已经有了足够高的专业素养，不管是单独谈话还是组成工作小组，她会先采纳他们的意见。

"我觉得有些尴尬，并且觉得自己明白得实在太晚了。但我很快就意识到自己并没有失去太多。即使我被打败了，我也要抬起头来，搞清楚我的下属们在想些什么，并且与他们保持沟通，这才是我身居此位的意义。"

米兰达的成果

米兰达十分震惊：同事让她代替自己做一些出力不讨好的工作，只因为她肯定不会拒绝。她本打算直接向同事表达自己的愤怒，甚至把此事告知自己的上司。但后来她意识到，同事只是陈述了一个事实，她从前的确是一个有求必应的人，即使很多工作对自己毫无利益可言。"过去我让自己遭遇如此境地，是因为我太想取悦别人了，而现在我要改变这一点。"

尽管这有些尴尬，但米兰达很快就告诉人事委员会，自己的日常工作已经爆表，她无力再承担这些额外的工作。然后米兰达做出了一个聪明的决定：她要训练自己，打破这种"来者不拒"的习惯。她拜托自己在另一个部门的好朋友，每天专门花 5 分钟来向她提出协助工作的需求，然后她会立刻拒绝。

"我几乎不知道从我嘴里说出'不'字是什么感觉，"她解释道，"从前我以为拒绝别人是不合作和自私的体现。而现在我想让自己明白，可以尝试在必要的时候拒绝别人，而这并不会使我变成一个坏蛋。"

这样的练习十分有效，而且让米兰达和自己的朋友从中感受到了乐趣，因此她们决定要把这个练习继续进行下去。以后，她们会专门安排时间来培养新的工作习惯，并且相互监督练习的成果。

埃伦、克莱尔和米兰达都意识到，打破某个具体的工作习惯的确会带来成效。这种成效会让她们向自己的梦想和目标迈进一大步。通过认清自己过去所扮演的角色，察觉那些正阻碍自己的错误习惯，她们可以做出明显的改变，从而走出瓶颈期。

3. 女性是如何抗拒改变的

看到这里你可能已经意识到，为了前进你必须做出改变，但在实践中你或许会疑惑：为什么改变对自己来说如此困难？因为我们的身体会对改变做出本能的抗拒。如果你曾经尝试过节食减肥，尝试每天养成锻炼身体的习惯，尝试耐心听别人说话，尝试集中注意力而不是让脑袋天马行空……那你就会明白你身体里那股反抗的力量有多么强大了。

没错，对改变的抗拒就像一个恶魔，一直住在你的身体里。它不仅会把你带离你本想过的生活，还会让你对工作、家庭、友谊、自己是否健康等问题失去思考和质疑的能力。所以你必须认识到，解决身体里的那股对抗力，就是帮了自己一个大忙。

首先你要明白，即使你知道正在做出对自己好的改变，但身体里仍有两个要素在发挥功效，它们是让你抗拒改变的始作俑者。

第一，你的整个神经系统都是为了"不费劲"而设计的，这个系统是由你之前的想法和行为逐步强化的。当你一直重复某个行为时，你的神经系统就会记住它，并且让它变成你"脑回路"的一部分。所以每当面对同样的情况时，你就会完全下意识地用这种固定模式去思考并做出行动。

这种被强化的思维模式会在你改变自己的过程中带来不愉快的体验，因为你的大脑会做出反抗，并且立刻发出信号来暗示你："嘿，已经3点了，不吃点甜食吗？""你脑海中闪过的那些碎片可比你正在交谈的这个人所说的话有意思多了，你不觉得自己现在像个受害者吗？"

在你需要处理很多工作或完成某项任务的同时，还要做到无视大脑释放的这些信号，这很困难，因为需要你有很强的定力。所以很多时候你都会向这些信号妥协："嗯，我就吃半个甜甜圈总可以吧？"但你不知道，这么做的结果就是又强化了你的固定思维模式，让你更难打破你想改掉的习惯。

而放大困难，为自己无法改变坏习惯找理由，或者拖延，这都是在你身体里发挥作用的第二点要素。今天你忍不住吃了甜点，你会跟自己说："干脆明天再开始戒掉甜食吧。"你在听别人说话时又一次忍不住打断了对方，你会安慰自己："我说的话才更有价值。"当你又一次选择逃避问题时，你会抱怨为何世界对你如此残酷，让你承受这么多。

今天你向抗拒改变的自己屈服，明天问题还会重演，你只是又给了这些坏习惯24小时的时间，让它们更加牢固。

很多成功人士都很擅长为自己拒绝改变某个工作习惯找理由，因为它们过去实在是太有效了，以至于他们舍不得丢弃。毕竟这些年来，他们因为这些工作习惯而收获升职加薪以及其他好成绩。如果问题不大的话，我为什么要改掉它们呢？

在《没有屡试不爽的方法》一书中，马歇尔详细阐述了这些坏习惯是如何根深蒂固的。他把原因命名为"成功的错觉"，也就是你会产生这样的想法：既然我是依靠这些习惯成功的，那么我不应该改掉它们，而应该继续贯彻下去才对。如果你也这样想，那你就中招了。

作为领导力教练，马歇尔把这种错觉导致的抗拒过程分为三个阶段：

- 阶段一：你不会觉得自己有问题，而会觉得那些让你做出改变的人有问题。
- 阶段二：你承认大多数人的确需要改掉自己之前的坏习惯，但自己是个例外，不然自己是怎么做到像今天这样成功的？
- 阶段三：你开始责怪那些让你做出改变的人，为什么不是他们改变而是让你改变？这样你就能继续保留自己的这些习惯了。

这三个过程在马歇尔的执教生涯里反复上演。但值得注意的是，他所培训的学员 80% 都是男性。所以我们必须先弄明白，这个模式是不是也同样发生在大多数女性身上。

当然，很多女性也的确会表现出相同的状态，但我们要知道，每个人都是不同的，这点女性、男性都一样。在反馈报告、观察结果、建议或者批评等种种需要改变的证据面前，性别只是影响人们如何做出反应的要素之一。

也就是说，女性的工作经历通常与男性不同，因此在面对改变时，她们做出的反应也是不同的。在聆听女性的声音时，我们经常会发现很多不同点。她们要承担更多不同的责任，尤其是来自于家庭的责任。她们对成功的定义也是不同的，这点我们在一开始已经阐述过了。

所以女性在抗拒改变时的反应会不同，这点不足为奇。这些抗拒的形式会阻碍她们，但同时也给了她们一个跳板。

让我们回顾埃伦的经历吧，还记得那位因为没有向老板汇报自己的成绩而被老板在年会上忽视的软件开发工程师吗？最开始，她的确觉得老板让她做出改变是有问题的（马歇尔所说的"阶段一"），但她并没有觉得自己之前的习惯让自己成功了，不需要做出改变（马歇尔所说的"阶段二"），她一点这样的想法都没有。所以她也根本不会去质疑，为什么不是指责她的人应当做出改变（马歇尔所说的"阶段三"）。

可以说，埃伦基本不符合这个模式。她的思考过程显示了她是一个更容易自责的人，而不是先思考对方是否有问题的人。这与马歇尔的总结完全相反。比起先去责怪是因为对方没有察觉到自己的工作成果才造成了这样的失误，她先想到的是由于自己没有让对方知道这些，错在她自己。

这种想法让她难受了好几周，她觉得自己没有做到足够好，好得能够引起老板的注意，她觉得自己没有希望了。直到听到那位职业生涯管理教练的话，她才转变了思维方式，开始思考自己为什么不主动让老板知道自己的工作成绩。

相信你也注意到了，尽管埃伦也很珍视自己早年间工作时养成的习惯，但在面对老板的批评和指责时，她完全没有想过对方出了什么问题，而是一直在自责。她根本就没有"是过去的习惯让自己取得了今天成就"之类的属于"成功的错觉"之类的想法。

和马歇尔所培训的大部分学员一样，埃伦也做出了抗拒的反应，但她的抗拒出自于被动受伤，而不是主动反击。所以当明白过来的时候，我们可以看到埃伦迅速做出了改变，而不是像马歇尔总结的那样：否定别人的指责，为自己找足理由，认为对方需要做出改变，然后觉得自己无须改变。

女性的抗拒反应是不同的，这一点萨莉和马歇尔都发现了。所以他们为女性的"抗拒过程"又总结出了三个不同的阶段。

- 阶段一：女性在被要求应该做出改变时，她们会觉得被误解、被低估，这会让她们在很长一段时间里都灰心丧气。
- 阶段二：她会开始思考，对方为什么要这么说自己，究竟原因何在？是否大家都是这么想的？自己受到这样的指责，是不是只因为自己是个女人？
- 阶段三：她开始分析，是否因为自己的某个习惯是有问题的，才招致如此批评。自己为何之前忽视了这些问题呢？自己为什么这么差劲？比起思考对方是否有问题，她还是喜欢把目光放在自我剖析上。

我们不难看出，"抗拒"还是在这个过程里发挥了作用，但作用机制是完全不同的。而且阶段二和阶段三更是直接引导她们做出了建设性的改变。和马歇尔最一开始总结的阶段二和阶段三比起来，女性实在表现得太有效率了。

请注意，我们并没有说所有女性都符合这个新的抗拒模式，毕竟两位作者在职业生涯中也遇到过更符合第一个模式的职场女性。也就是，说她们会更容易责怪和质疑让自己做出改变的人。但如果你最开始的思考是出自于被动受伤，只要你没有灰心丧气过长的时间，你会得益于自己接下来迅速做出的反省和改变。

抗拒以及成见

你会说，这样不是很好吗？但事实是，职场对女性并不公平。举一个最明显的例子。有调查显示，在评估晋升时，对女性的评判标准是她曾做过什么具体的贡献；而对于男性来说，公司更愿意考量他们究竟有多大的潜力。这种模棱两可的评判方式最终可能会导致一个没什么能力的男人得到了晋升机会。

而一些成见也导致了对女性的评价往往具有迷惑性，有时"你做多了也不对，做少了也不对"。话说多了会被批评为"多嘴多舌"，话说少了会被批评为"该说的时候不说"；干得太好会被指责为"野心勃勃"，干得不好又会被指责为"女人天生不行"；总是笑眯眯的会让自己很累，可整天愁眉苦脸就更不对了。

所以也不难理解，如果对于女性的评价标准过于明确的话，很有可能会被曲解。尤其是当你在得到负面评价时，你可能会认为是自己的性别受到了歧视，因此也不会尊重这份评价。你会觉得受伤，甚至觉得被侮辱，因此感到很愤怒，同时你也很有可能从根本上怀疑自己。

萨莉曾经共事过的一名银行经理就提供了一个非常好的案例。"我们公司的工作环境完全符合丛林法则，"她说，"同事们的进取心都非常强，并且所有人都认为必须干掉竞争对手自己才能上位。然而我的男上司却总指责我野心勃勃、心狠手辣，可公司里的人不都是这样的吗？所以我把这种批评当成是他们对女性的偏见，从不理会。"

当然，并不是只有男性会显露出对女性的偏见，其实女性之间的偏见要更加残酷。有时你在受到女上司批评的时候，你根本就不会接受，因为你觉得她和其他女老板比起来简直弱爆了。或者你干脆会认为，她批评你是因为嫉妒，嫉妒你比她更受关注，嫉妒你威胁到了她在一个男权体系里的"蜂王"地位，嫉妒你比她年轻，嫉妒你比她好看……。

当种族或民族问题掺杂其中的时候，你会发现这些成见变得更加复杂了。如果你是一个非洲裔美国人，你会觉得你的上司在评价你时所用的标准和对其他白人不同。你甚至会觉得上司在跟你说话时所用的语气是刻板或者虚伪的，因为他只会和自己肤色相同的人好好说话。马歇尔的学员凯马拉曾经说："我的部门总监总是说我的'态度'有问题，但我觉得，他这么说是因为跟我这个黑人说话让他不自在。他总认为自己是一个善于沟通的人，如果有人让他觉得不舒服，那一定是那个人的问题。"

在生了一段时间的闷气以后，凯马拉决定跟上司摊牌，但她采用了一个虽然直接但有点幽默的方式。她给上司看了一些剪报，详细说明了有多少像她一样的美国黑人因为"态度问题"而被上司指责。她希望上司今后可以给她一个明确的评价。"从那以后，"凯马拉说道，"我和上司之间的关系得到了改善。没过多久他就对我说，我告诉他的这些信息非常重要，他意识到了自己的评价的确有问题。"

同样地，如果你有拉丁血统，在你受到"过于情绪化"之类的评价时，你一定会认为对方在歧视你的种族。如果你是亚裔，别人说你表达得太少，你也会有出自于同样原因的怀疑。无论如何，这些认知使你无法正视别人对你的评价，你会怀疑那些评价是来自无意识的偏见。

也许你的感觉是对的。如果你遇到同样的状况，你也许会选择与上司对峙，就像马歇尔那个有"态度问题"的学员凯马拉一样。但如果你能放下一些成见，试着心平气和地思考，是否是那些成见在事情发展过程中起了推波助澜的作用？如果你发现每当受到负面评价，你都会习惯性地把它当作是某种歧视时，那么你要小心——你可能已经养成了抵抗的固定模式。

即使有些负面评价确实在一定程度上是出自于成见，毕竟也包含了其他信息。如果你能只关注给你提意见的人所指出的确切问题，这的确是个让你更快进步的好方法。如果你仍旧被故有成见所左右，那么你就很有可能会陷入停滞不前的状态。

软件工程师埃伦能够迅速走出瓶颈期的原因之一，就是她根本没花时间去想，老板这么批评自己是否有其他更深层的原因。她的公司有几千人，所以她很少有机会和老板碰面；老板的直接下属都是男性，或许他会觉得跟女员工对接工作有些不适。但她无从知道这些信息，而且也从来不在意这些信息。当走出情绪上的沮丧后，她立刻就反省自己如何做才能让老板做到客观地评价自己，并为此迅速做出改变。

换句话说，埃伦把注意力放在了自己能把控的范围里，并且能够很快在自己能把握的事情上做出行动。

就像我们所说的那样，职场中对女性的偏见一直都在，这些偏见也在影响企业对女性的评价标准。但这并不代表所有对你的批评都是成见，你都不用理会。就拿那位"心狠手辣"的银行经理来说，在萨莉接触到她的那段时间里，她跳槽去了政府部门工作。而这份工作需要极高的外交技巧，她原来养成的那些"强有力"的工作习惯着根本帮不上忙。那些习惯曾让她坐到了较高的职位上，可是在新环境里却无法发挥作用。

所以她开始认真倾听别人对她的评价，而且她会让评价的人举例子来说明她的问题，而不是无视那些不入耳的批评。"可能我确实听到过出自于固有成见的批评，"她说道，"但当我改变自己心态的时候，我发现很多批评都是有帮助的。"

我们的信条使我们抵抗

除非你能看到，是你多年来的信条支撑了那些习惯，否则你很难做出真正的改变。这些信条为你的行为打造了框架，让你对自己的所作所为"理直气壮"，并且还让你坚信自己并不需要做出改变。

在《没有屡试不爽的方法》中，马歇尔列出来几位成功女性普遍存在的问题：即使这些信条让她们收获颇丰，但当她们面向人生新的里程，面对新的挑战时，事情就变得不一样了。正是这些信条的存在，才让她们对改变心生抗拒。

马歇尔提到的最关键的原因，就是对这些信条过于自信。那些在过去行得通的不二法门，在未来也一定会或应该会成功，你只要一以贯之就好。马歇尔曾经培训过许多高层的管理者，他们坚定不移的（甚至有些走火入魔）工作信条甚至可以上升为一种宗教信仰，而这让他们对任何改变都很排斥。他们觉得自己的成就是上天注定的，而自己的才华外加辛勤的汗水推动了这一切的发生。他们觉得在这个过程当中，运气以及他人的帮助所占的比重很小，可以忽略不计。

这些信条的影响力实在太强悍，会让人觉得巨大的风险反而是职业生涯得以拓展的标志，还会灌输给你一种很有魔力的乐观主义思想。这些信条还使你抗拒改变，面对任何失败和挫折时，都不质疑自己的想法是否有问题。

很明显，女性更愿意分享这些信条，她们也很少怀疑其正确性。一旦成功之后，她们会觉得自己的信条毫无问题。

但事实通常并非如此。即使是非常成功的女性，也会经常对自己失去信心。她们必须时刻清楚自己擅长什么，或者是什么样的能力让她们坐在了今天的位置上。她们或许会看一些用以增强自信心的工具书，在开车时听一些能激励自己的广播节目，甚至还会经常说一些类似于"我注定会成功"的话来激励自己。她们觉得只要一直这么"演下去"，就会真的变成一个自信的人。

不管坐到了多高的位置上，女性都不会出现过于自信的问题。两位作者的经验告诉他们，女性的信条在发挥作用时，机制是完全不同的。这些信条只在她们抗拒改变、为自己的停滞不前找理由时才会显现出来。

信条一：野心是个坏东西

很多成功女性都曾被贴上"过于野心勃勃"的标签。从字面意思来看，大多数女政客的确符合。但是，在一个女人想要领导一个志愿者团队时候，你也会听到这个词被放在她身上。

到底什么叫作"过于野心勃勃"？似乎女性一旦和这个词挂钩，那就代表她们的所作所为很不得体、太过出格，或者太自私、不值得信任。很多男人也会被评价为"野心勃勃"，但却很少见到"过于"二字——这两个字还总被用在有进取心的女性身上。所以这也就不难理解，为何很成功的女性也不愿意说自己有野心了。

心理学家安娜·菲尔斯在撰写她的著作《必要的梦想：

野心造就女性》时，发现很多在金融、法律等圈子的成功女性都不爱谈"野心"一词。所以她问她们，当提起野心这个词的时候，她们会联想到什么。她们当中的大多数人都会给出类似于"自尊自大""自私自利""夸夸其谈""为了自己的利益而牺牲他人"等评价。她们给出的答案让我们很容易理解，为什么最成功的女性都反复向菲尔斯强调"自己毫无野心"。

萨莉在妮琪身上看到了类似的情况。妮琪是一家全球知名的法律机构的资深合伙人。她从哈佛大学法学院一毕业就来到了现在的公司，干到现在已经四十多岁了。在同辈人当中，她当上高级合伙人的时间算是比较晚的了。好在她有优秀前辈的指导，外加自己出色的表现，她最终还是进入到了"高级"的行列。

尽管她已经成为世界上最优秀的律师之一，但在与萨莉的交谈中，她仍一直强调自己没有野心。"我的确很努力，但这不一样。"她说道，"一提起野心这个词，让人不得不想到那些从小就立志成为政治家，并且一生都为此奋斗的那种人。"她提及了一位现任美国参议院议员的女性的名字，她曾经是她在哈佛大学法学院的同学。"她可真是有野心，自从出现在学校里，就表现出一副议员的样子了。她交的每一个朋友、上的每一次课似乎都是为了给自己未来的政治生涯铺路。"

但妮琪觉得自己不是这样。"我来到这家公司，是因为我觉得这里是职业生涯最好的起点，我当初并没有立志要成为高级合伙人。我只是享受工作的过程，享受别人对我的赞赏。事实上，我一直以来都是被表扬驱动的，无论是在学习中努力取得好成绩，还是在工作中努力获得委托人、法官或者同事的认可，这都是我存在的价值。"

显然，野心在妮琪眼里不是什么好词。即使成为全球顶尖的法律机构的高管已经是有野心的证明了，她也仍旧不想让自己与这个词挂钩。

妮琪还把野心一词与贪恋权力联系到一起，而权力并不是她所渴望的东西。"我之所以继续现在的工作，是因为享受工作内容本身，享受这种自我挑战。"当然，她的这种态度也恰恰印证了我们在第二节中所讨论过的，职场女性更加看中工作内容本身的价值和乐趣，而并不为名利和地位所驱动。

但是大多数女性或许误解了野心一词的含义。享受工作并想让自己的工作给世界带来改变，为什么就不是一种野心呢？为什么野心一词就一定要和"攻击性""自私自利""不值得信任"等概念联系到一起呢？如果你把野心看作是对自己才华的放大，它就会对你在工作中实现价值有非常大的帮助。而如果你仍带着消极的情绪去看待野心一词，你一定会无法正视自己的内心，而这就会阻碍你进步。

信条二：好人的标准就是从不让他人失望

我曾经共事过的很多女性都希望自己是一个对他人有帮助的好人。当然，这一点其实让我们所在的世界更加美好了。但如果你把这种愿望理解为不让所有有求于你的人失望的话，那就大错特错了。

我们曾经讨论过米兰达的案例，已经成为高级法律顾问的她经常因为需要承担额外的工作而耽误了自己的本业，使得自己的价值得不到发挥。而她做出这一切的原因就是不愿意让每一个同事失望，即使有的同事纯粹是把自己不想做的工作推给她而已。

马歇尔也曾经认识过一位法律顾问，她被同事称作"老好人丽娜"。不管是在公司内还是行业内，她都广受欢迎。很多其他机构想把她挖走，但是都被她拒绝了，因为她不想让自己的团队失望。她没有意识到，虽然她在多年的工作中赢得了很多声望，但自己在公司的位置并不是无可替代的——很多职场女性都没有意识到这一点。

最终，一个竞争公司向她和她的团队伸出了橄榄枝，并承诺提供前所未有的丰厚待遇和发展空间。她很兴奋，但当她告诉自己的团队这一消息时，很多人却因为个人原因不愿离开这家公司，甚至对她想要离开的念头表示非常失望。

这件事让丽娜很受打击，她开始不断地回想这些年在公司里帮助她的前辈、赞助商、顶头上司……他们会对自己的离开做出什么样的反应呢？他们会觉得自己是一个不知感恩的人吗？如果她既跳槽又挖了公司的墙脚，她还是大家心目中那个"老好人丽娜"吗？

经过长时间的纠结后，她推掉了这个邀请。确实，她这么做有自己的理由。可在我们看来，她不想让别人失望的个性和竭力维持自己形象的愿望阻碍了她个人的发展。这种不愿意把自己的个人利益与团队利益区别对待的行为，就是她对改变的抗拒。

信条三：一定要成为一位模范女性

玛丽莎·梅耶尔（Marissa Mayer）在怀上一对双胞胎女儿的时候，仍然没有从雅虎的首席执行官上卸任。尽管她上任以来一直致力于让公司的产假变得更长，她自己却宣布会尽可能减少在生孩子上花费的时间，然后回来继续工作。

她的决定引起了轩然大波，媒体评论员批评她的这一行为严重损害了自己的公众形象，不仅让她的下属失望，还令所有女性失望。还有人表示悲哀："她在试图传递什么信息呢？她的这种行为使得职场妈妈一直为争取权益而做出的努力化为泡影。身处如此地位的女性不得不谨言慎行，因为她的任何决定都不是个人的，而是会影响所有把她作为标杆的职场女性。"

这种让知名且成功的女性不管做什么决定之前都要考虑公众影响的念头实在是充满恶意。能够在一个充满挑战和未知的工作环境里做好本职工作对一个人来说已经很难了，而现在连做一个决定都要思前想后，考虑到他人的想法，这简直就是一道枷锁。这种负担没有人能承受得起。

到目前为止，女性在做任何决定之前，仍然要从模范角度被考察一番。这将会是女人自责感和愧疚感的来源，并且还会迫使她们相互攻击。这种负担对于处于领导层面的女性来说格外沉重，因为她们往往被看作是自己整个族群的希望。如果你也被这种期待压得喘不过气来，劝你还是早日逃脱这种模范的胁迫比较好。因为这会严重阻碍你的人生。或许你觉得成为模范能够给其他女性带来价值，但是你想错了。

人们为什么会对一个模范女性有如此期待？因为他们总认为身为女人，就应当把集体利益放在个人利益之前。这种想法不是一天两天形成的：人们通常喜欢夸赞一个女孩体贴、富有同情心，而喜欢夸赞一个男孩格局远大。这已是人们的固有思维，而人们又把这种思维带进了职场。改变人们的观念需要很长时间，但你能做的事情就是思考自己是否也曾被这种期待"压迫"过？如果有，那就先解放你自己。

第二部分

那些阻碍女性实现
目标的工作习惯

4. 十二个 "始作俑者"

书中列出的这十二个习惯，是我们发现通常情况下会阻止成功女性更成功的工作习惯。

当然，并不是所有女性都能够严丝合缝地对号入座。有些人的情况确实符合其中的某些坏习惯，而有些人一点也不。但是经过多年的严谨调查后，我们可以确认的是，有很多成功女性的确受到了自己行为方式的不良影响，而通常来说男性则不会如此。

这不足为奇。因为习惯都是受一定环境影响，在多年的工作经历中累计起来的。而就像我们说的那样，女性在职场中面对的状况和男性很不同。并且在工作刚开始的那些年，你可能察觉不到什么。直到某些事件让它们暴露出来，你才知道这么多年来你已为这些习惯付出了代价。

所有女性都在呼吁 "聆听女性声音"（speaking while female），这是有原因的。有广泛的研究显示，男性的确不怎么认真听女性说话。很典型的场景就是会议室里很少有女性出现，如果有一个女人参与其中，很有可能就是你自己。

有时你认真地发表了自己的观点，然后发现没人对此做出任何回应。沉默一会儿之后，下一个人的发言开始了——好像你什么都没说过一样。

下一个发言的人可能是个男人，通常是高层管理人员，如果他也表达了你刚刚表达的观点，立刻就会有人回应他，"说得太棒了，杰克！"或者是"我同意杰克的观点！"不然就是"我想在杰克的基础上再补充几点"。

转瞬之间，杰克获得了所有人关注。

你环顾四周，发现根本就没有人意识到刚刚发生了什么。你现在陷入了两难的境地：你应该立刻指出来杰克说的话只是在重复自己的观点吗？你应该强调自己的存在吗？为什么没有人注意到刚才那个关键的信息点是你先说出来的？

如果杰克的职位比你高，你可能想想就算了，毕竟当众揭上司的短在任何公司都是很危险的行为。老板经常把为自己工作的下属的创意归为己有，这在任何等级体系里面都是常见的。

但假如这个杰克的职位比你低呢？你会怎么想？你会不会觉得自己就像傻子一样坐在这儿，被大家无端忽视？但如果说出来，会不会让大家觉得你太小气、太斤斤计较了？也许你想起了一个女同事，之前在会议上也受过同样的打击。或者你担心，那个男同事和他那帮哥们儿会不会伺机报复？算了，还是别树敌了。于是最后你闭上了嘴，一声不吭。但问题是，这件事的确在你心里留下了疙瘩，以后你在和杰克（或者当时坐在那间会议室里的其他人）相处时，都会不太愉快。

这种场景简直太常见了，我们经常会看到一出又一出类似的戏码上演。这只是让女性在职场中觉得"硌脚"的众多沙砾之一。你在第 13 节和第 14 节中将会找到相应的解决方法。重要的是，类似的经历给女性的职场生涯带来了很大的影响。经历塑造了你的习惯。如果你一直以来都习惯于自己说的话被无视，那么当别人开始采纳你的观点、关注你的存在时，你反而会不知所措。

经年累月，这种不知所措也会变成你的习惯。

与性别无关的习惯

在《没有屡试不爽的方法》一书中，马歇尔列出了二十条通常情况下会阻碍成功人生的行为或习惯。但基于学员的状况，他发现这里边的很多习惯会影响男性，而对女性来说没什么影响。比如：

- 太想赢
- 巴不得别人知道自己有多聪明
- 即使是跟自己无关的成绩，也要邀功
- 不能客观评价别人
- 总用发怒来震慑下属
- 拒绝表达尊敬
- 不愿表达感恩之心
- 总爱推卸责任

如果上面有哪条戳中了你，并且你想改正，那么你可以从《没有屡试不爽的方法》一书中寻找答案。但通常来说，我们没见过类似的情况在女性身上发生。也许女性也会有类似的问题，但她们中的大多数人不是这样的。

马歇尔在书中还列出了四个与性别无关的坏习惯，让我们先睹为快。

说三道四

如果你的脑袋里冒出了这样的声音："他为什么会说出那样的话？我可说不出口！"这就是在对某个人说三道四。

说三道四其实就是你在把自己的标准强加到别人身上，就好像他们的工作是为了满足你的期待才存在的。也许你根本就不用说出口，因为很多时候你都在脑海中拿一些人来和自己做比较，并且设定最后的结果是你比他们都强。

如果你真的这么想过，那就太没出息了。

为什么你总觉得与你共事的那些人有着和你一样的底线？因为你自己不爱发火，不会计划复仇，所以你觉得其他人也是这样？当然不是。所以有时（也可能是经常）如果遇到很差劲的、不讲理的上司、同事或者客户的时候，不要因此而一蹶不振。

马歇尔就遇到过很爱对别人说三道四的首席执行官，他几乎遇见一个人就要评判一番，给出自己的见解。比如，他会跟一个志愿者说："这真是个好主意。"转过脸去又和另一个人说："真不错。"很快就又能和下一个人说："你是怎么想出这个创意的？"

马歇尔让他改掉这个坏习惯，可他觉得自己这么做对员工是有好处的，而他的员工当然会把这种行为看成是说三道四。但他从来没想过，听别人说话时，也许停下来先思考一会儿比较好，而不是对方说一句你就要马上给出评价。

人们经常会在茶水间里听到各种评头论足，而这些流言蜚语绝对会让整个办公环境变糟。也许说出那些让你觉得难以忍受的同事的"坏话"会让你畅快一时，但你在散播这些负能量的时候，不仅会给别人带来影响，还会让你自己的性格变差。

优秀的领导在与员工接触时，通常会理性地看待他们的缺点，更注重把他们的工作价值发挥到最大，而大量的流言蜚语与说三道四则会在情绪上阻碍你的判断。当你越会看人的时候，你的领导力才会越来越强，而那些说三道四的话无疑在这一点上牵制了你。

一开口就是"不行""但是""然而"

"不行，我们已经尝试过那种方法了，结果你也看见了。"

"但是，如果不能按照我们所设想的那样进行怎么办？"

"然而有一点你忘了说……"

上面这些话也许已经成为你在工作会议或者表彰大会等场合的惯用台词。甚至在头脑风暴中，脑海中也会响起"没有主意就是最差的主意"等话语。有时，你其实不是在表达要否定对方的含义，你只是想强调自己接下来说的信息很重要。又或者仅仅是因为你已经习惯这么说话了。

但是说者无意，听者有心。此言一出，别人真的会以为你在否定他们。或许话到了他们耳朵里就变成了这个意思："你说得也不错，但是我说得更好。"要不然就是："别想了，好好听我接下来说的话，这才真的有用。"

这种消极的限定词语经常是脱口而出，你或许意识不到自己有这样的坏习惯。最好的办法是下次接着上一位发言者说话时，最好不要再用这样的词语开始，而是使用"是的""好的"或"谢谢"等，让对方觉得你真的在认真倾听并且尊重他们的看法。

找借口

在《没有屡试不爽的方法》中，马歇尔把职场中的借口分成了两类。一类是笨借口，一类是聪明的借口。笨借口就像小时候你跟老师说"我的作业被我家的狗给吃了"一样，长大后的你把这种借口变成了如下句式："不好意思，今天早上保姆的车坏了，我得照顾孩子一会儿，所以来晚了。"或者"不好意思，我错过了会议。我明明设定了谷歌日程提醒，但一定是出了什么故障，它没提示我。"

如果你是一个公司的领导，这类笨借口一定会让你逐渐失去下属的信任。因为这类借口会让别人认为你不太有团队意识，或者你不太能承担责任，出了问题总想撇清自己。在这种情况下，你只需说一句"实在抱歉"就够了。

如果你还是习惯性认错，尤其是为与自己无关的错误道歉的那种人，那么这些笨借口也会是你在那时的台词。关于这个坏习惯，我们将在第 13 节中具体阐述，此处暂时不做展开。

稍显聪明一点的借口什么样呢？就是你把所有问题都归咎于自己的人格缺陷，就好像你一直如此，无论如何都改不了。男人和女人都会喜欢找类似的借口，但是女人的借口更容易将她们置于不利的境况中：

"我一直都是个没什么条理的人。"

"让我闭嘴实在是太难了。"

"我很容易受伤的。"

"我太爱取悦别人，这很不好。"

当你说类似的句子的时候，看起来你是在承认自己的错误，但别人听上去会觉得你在暗示自己不想做出改变。把自己在大家心目中的形象设定为"不愿改变"，这对你来说没什么好处。并且对你自己来说，如果你一直纠结于一些天性中的弱点，那也是在人为地给自己设限，阻碍自己的发展。

活得过于真实

近些年来，在工作中强调诚信、真实，这似乎成了主流。受这种观念的影响，暴露自己的弱点成了一件理所应当的事情。这种习惯会在不知不觉间让你觉得，改变一些习惯就是在背叛自己。

虽然"活得过于自我"是与性别无关的描述，但男人和女人的体现方式是不同的。马歇尔曾看见过很多男性领导拒绝表扬自己的优秀下属，还情绪激动地为自己辩护："这不是我该说的话，如果我滔滔不绝地表扬下属的表现，就显得我太假了。"如果换到女人身上，她们就会说这样的话来显得自己真实："我不是那种会自夸的人。"如果你已经知道了某个习惯对你产生了阻碍却不改变，那就不是活得真实，而是顽固不化。

所以当你强调自己"就是这样的人"的时候，你应该对自己的动机产生怀疑。想要让自己维持住某个形象而做出的努力，其实就是在阻碍自己，尤其是你想在职场上更进一步的时候。

在职场中改变自己绝非易事

世界经济的运转速度如此之快，它不会为任何一个人停下来。所以当今的领导者所要面临的挑战之一，就是如何让企业在变化中立于不败之地。也就是说，你要学会适应变化。很多企业也标榜自己欢迎并随时准备接受改变。

然而讽刺的是，虽然很多企业可以认同自己的改变，却有意无意地阻碍着员工个人的改变。主要原因其实有两点：

首先，每个员工在企业中都扮演着一个固定的角色，就像一颗螺丝钉一样维持着一个机构的正常运转。比如：

马茜是这个工作组的合适人员，因为她一直渴望做志愿者的工作。

也许其他人比桑德拉更适合这个任务，因为这需要圆滑的社交手段，而她就稍显木讷一些。

尚塔尔一直在扮演一个出色的倾听者的角色，她很符合这种形象。

当然，每个人都有自己的长处，这对委派任务没有任何坏处。但这样也很有可能让一个人受困于某个角色当中走不出来。这种"固定角色意识"不利于人们去尝试不同类型的挑战，也让你失去了很多锻炼的机会。因为如果让你走出自己已经熟悉的工作和角色，你或许就会打退堂鼓。

假如你是马茜，你已经开始意识到义务承担额外的工作只是因为自己想要取悦他人，这对自己的事业发展并无益处。所以当有工作机会摆在面前时，你应该自己判断哪些值得做，而哪些并不值得。当工作团队中有人提出不符合自己原则的需求时，你就应该拒绝。

也许你会为自己终于表示出了明确立场而感到高兴，但一定会有同事为此表现出惊讶："你一直都乐于助人呀！"或者"你到底怎么了？一般你都是第一个接下任务的人啊！"这都在暗示，他们一直以来所认识的那个你不一样了。

这种情况发生时，你会突然觉得压力倍增，于是赶紧回到之前的人设，让同事满意。如果你这么做了，那所有努力就都白费了。最好的办法是，你要告诉那些同事你正在做出何种改变。至于如何告诉，在本书的第三部分会给出很多好的建议。在这里想强调的是，很多同事喜欢基于你之前的表现来给你限定一个角色，这会让你更加难以改变自己。

另一个让改变很难的原因是，几乎所有企业都对"有所作为"有执念。

企业的存在就是为了做出某项行动。"我们在开拓 X 市的新市场。""我们会扩大供货范围，把 Y 市也覆盖上。""我们在引进一套全新的自动化系统。"好像只有积极地采取行动才是公司发展的不二法门。虽然有时"不作为"会解救公司于倒悬，但事后也不会被称颂。原因很简单，不作为从来不被企业当成美德。

所以在一个公司工作，你一定会被告知，关注顾客的新需求是最优先的事情。你一定很少会被提醒，你应该好好听顾客都说了些什么，而不是边听边查看手机中未回复的消息。公司的重点总是放在你要做什么事情上，而不是你不该做什么或者停止做什么。

同样地，你公司的首席执行官一定喜欢"开大会"来激发员工的干劲儿。但你或许很少会听到领导劝说表现优秀的员工把目光少放在拿指标上，应该多放在如何把团队建设得更好上。

正是这种对于有所作为的执念，让公司更看中并奖赏那些做出了什么的人，比如是否签下了新客户，拿下了大订单，或者打破了新的指标纪录。很少有人会因为避免了某个错误的行动而受到奖赏，即使避免的可能是个灾难性的后果。相反，这种表明自己对后果担忧的员工会被看成"爱唱反调的人"，与公司积极进取的气氛不符。

这听起来似乎自相矛盾，为什么企业对于有所作为的执念反而会阻碍员工的改变呢？改变不就是要做出行动吗？如果你想让身材更健美，你就可能会去健身房。如果你想在公司中获得晋升，你就会投入大量的时间在工作上。但有一点你应该明白，如果想在职业生涯中获得提升，你就应该避免毫无间隔、连续不断地工作。就像现代管理之父彼得·德鲁克所说的那样："我们总是花费大量时间教会领导者什么时候该做什么，却没有花费足够的时间告诉他们什么时候该停下。"

在几十年的执教生涯中，马歇尔一直在体会德鲁克先生此话的含义。最后他发现，那些很爱在工作清单上写出"多说谢谢和请""耐心些""要尊重他人"等具体行动的领导者，要比那些写出"别在提案时说太多细枝末节""别把别人对你的帮助看作理所应当的""与自己无关的功劳别往身上揽"等具体"禁止项"的领导者更难做出改变。就算写下一句"别像个混蛋一样"之类粗陋的话，也比列出那些高大上的行为要有用得多。

萨莉也发现，对于有所作为的执念阻碍了很多人去抛弃那些已经对自己不利的工作习惯。她最近就碰上了一个鲜明的例子：有客户打电话来，询问她要来做的领导力培训讲座的具体内容。当她把计划和盘托出时，客户立刻挑明了要求："最重要的是你的计划是否具有高效的可行性，"她说，"我们的企业文化就是高效执行，所以我们希望你能给受训员工具体的行动指示。最好能有五件事让员工在下周一就立马执行下去。"

萨莉从前也听过很多类似的需求，她也会设法满足，但现在她决定不这么做了。她指出，企业最不应该让她做的事情就是给出下周一马上就能执行的五件事。因为员工的工作量基本是饱和的，在这种情况下又要让他们承担新的压力，必然适得其反。根据以往的经验，员工们更想学到的技能是如何给手头上的工作排好优先级，而不是如何承担新的工作。于是萨莉据理力争，说服了客户，让自己把培训重点放在如何让员工更有效而不是更忙碌上。

那些习惯

所以本书的关注点并不在如何让你开始养成一些新的习惯上，就像我们一直在探讨的那样，你之前该改掉的习惯已经够多了。我们更想告诉作为职场女性的你，很多产生阻碍的"禁止项"该提上日程了。我们指的就是那些曾经对你有帮助，现在却对你的提升不利的工作习惯。

在接下来的 12 小节中，我们会用具体的案例和调查结果来帮你明白那些削弱了你的天赋、阻碍你进步的习惯。在阅读时，你应该重点关注那些你的确"中招"了的坏习惯。

如果习惯真的能塑造一个人的行为模式，那你一定很想知道，你究竟该如何改掉那些已经在工作中根深蒂固了几年甚至几十年的习惯。毕竟有句谚语是：别教老狗新花样（You can't teach an old dog new tricks.）。

幸运的是，这个谚语对我们人类并不适用，甚至对狗来说都不适用。直到目前为止，脑神经科学家依然相信，只有儿童的神经系统才会为学习新技能或新知识形成新的脑回路

（new circuties）。但通过可以让脑神经科学家查看大脑具体运转的新科技——脑功能磁共振成像（Functional Magnetic Resonance Imaging，FMRI）发现，健康的成年人仍然会为学习新技能而建立脑回路。

所以，不管在什么年龄，你都可以说服自己的大脑来适应新的习惯。唯一的办法就是你要不停地重复这些新习惯，直到你的大脑适应为止，因为只有在大量的重复之后，你的大脑才会建立新的脑回路。通过刻意练习，新的习惯就会覆盖掉之前的那些，让你的大脑不得不屈服。即使是受过严重心理创伤的人也可以通过这种重复来建立新的习惯，得到治愈。

神经系统的这种规律让你有能力去应对那些需要改变的状况。过去的习惯塑造了你的行为模式，但现在你可以不让它们发挥作用。只要你能更加自信、自觉，更具有目的性和计划性，更加明确自己的底线，更注重刻意练习，你就能做一个支持自己的改变的人。

你的能力和眼界里本就埋藏着这股力量，但直到你认识到这些习惯具体是什么时，你才会做出改变并取得进步。当你的脑海中有了想改变的意向后，请接着阅读在我们多年工作经验中总结出来的这些坏习惯。

> 1. 不愿说出自己的贡献。
> 2. 期待别人自然而然地注意到你的贡献。
> 3. 过于看重专业技能的作用。
> 4. 人缘好，但无法"利用"人缘。

5. 没有在上任第一天就与下属建立联盟。

6. 更注重手头的工作，而不是职业生涯的整体发展。

7. 苛求完美。

8. 总想取悦别人。

9. 极力"压缩"自己。

10. 夹杂太多情感。

11. "反刍式思维"。

12. 总让你的"雷达"干扰你。

阻碍你的习惯里潜藏着能量

就像马歇尔在《没有屡试不爽的方法》一书中所指出的那样，当你在企业的位置越来越高的时候，一些问题反而暴露得更明显。你其实并不缺少本领，你很聪明，能够做到用战略性的思维处理问题。多年的职业生涯使你经验丰富、老道历练，也建立起了强大的人脉；而且你对自己的价值一清二楚，也有一个遵循了多年的道德体系；可能你还是一个非常善于沟通的人，并且高度自律、目标明确。

成功通常意味着你已经在自己的领域奠定了扎实的基础，这也是习惯问题尤为重要的原因。如果你能意识到那些习惯的存在，那就说明你的前进之路真的受到了阻碍。当然，身为女性，你或许仍然要接受一些体制或文化的牵制，这点毋庸置疑。但就像我们之前指出的那样，文化或体制问题都不在你的掌控范围之内，你真正能掌控的只有自己的行为习惯。所以，改变这些习惯，就是你职场进阶和达成目标的最好方法。

但有一点必须告诫你。

当你开始仔细阅读接下来的案例并检视自己的行为时，你可能会对号入座："天啊，这不就是在说我吗？"这是件好事，因为坦然接受、勇于承认对你接下来的长期改变会有好处。但是不要过于苛求自己，不要觉得自己有全部的坏习惯，都需要改正，就像我们在第 1 节中提到的弗朗西丝·赫塞尔那样。这么做只会让你喘不过气来。

马歇尔在应用 360°全方位反馈法时，不断发现人们认为女性在职场中比男性更有效率。很多人都觉得这简直令人惊讶，不是因为女性比男性更有效率这件事，而是大家在说这件事时，总是有明确的对象。这虽然并不意味着每位职场女性都很有效率，但却从侧面说明，普遍而言，人们认为女性比男性更适合做领导者。这无疑是让女性充满力量的信息。

但是马歇尔的反馈报告也显示，女性比男性更容易苛责自己。她们更容易察觉到自己的错误，有所进步时也更容易感受到压力。有时候，这会让你更加主动地做出改变。但总是用高标准严要求来自我苛求的话，可就不是什么好事了。因为如果你总是自我打击，就你很难在改变中取得真正的进步。

这就是为什么马歇尔在培训女领导人时，开场白总是："不要苛求你自己。"

你必须保持这种态度，也请你意识到是什么让你坐到了今天的位置上。每个限制你的习惯里都潜藏着能量，这些能量包括同情心、仁爱、勤奋、可靠……在本书中都提到过。所以每当你察觉到有要改变的习惯时，也不要忘了感谢它们让你走到了今天。

　　好了，现在让我们来具体说说这些习惯吧！

5. 坏习惯一：不愿提及自己的贡献

几年以前，萨莉采访过很多成功女性，她们来自于会计、法律、顾问、投资等各个领域。她想弄明白这些成功女性会觉得是什么成就了今天的自己，也想从她们身上为年轻一代的职场女性求得更多的经验。

对于萨莉所提出的问题，受访女性的回答各有千秋，十分精彩。但在两个问题上，她们的回答却出奇地一致。当被问到年轻女性在什么方面表现最好时，她们无一例外地指出了"工作质量高"这一点。"当你指派给女性员工工作任务时，她们总会超额完成，比预期的成绩要好。""她们十分认真负责、谨小慎微、事无巨细，不管是什么工作任务，你都可以放心地交给她们。"

而当问到年轻的职场女性在哪方面稍有不足时，她们同样给出了一致的观点。"她们似乎从来不在意自己的成功。""她们总是比自己的男同事更为努力，但却很少言及自己的功劳，尤其是在面对上一级领导的时候。""我们很多女性都不爱说'我如何如何'，总是把自己的努力归功到众人身上。

这让她们看起来是个老好人，实际上对自己的职业发展无益。"

这些洞见都来自于一些需要团队合作的行业，如法律、会计、顾问、理财等，但是不愿提及自己的功劳似乎是任何行业、任何位置的职场女性的共同习惯。萨莉在举办针对年轻职场女性的研讨会时，经常会问她们："你们有谁关注过自己都取得了哪些成就，付出了哪些辛苦？"果不其然，极少有女性举起手，甚至有时没有一个女性愿意谈这些。

当被问到原因时，女性给出的答案多种多样，但这其中有两点是经常被提及的："如果我需要吹嘘自己才能引起别人的重视，那我宁可被忽视。我不想当那种人。"以及"我觉得公道自在人心，如果我真的做得好，不用我说，别人也会注意到的。"

我们会在第二个习惯中详细阐明这两种观点到底错在哪里，在本节中，只探讨为什么女性会把提及自己的功劳和"吹嘘"相联系。这实在太常见了，因为女性总会在自己的公司中发现一个很爱吹牛说大话的人（通常是个男人），然后她会对自己说："如果我总是谈论自己的贡献，我就会变成他了！"因为不想变成自己树立的反面典型的样子，她们宁可低下头来老老实实工作，一点也不愿多说自己的贡献。

但这么做会带来两个主要的问题。

第一，树立一个反面典型，时刻提醒自己不要变成"那个人"的样子，这会让你的想法变得极端。它会让你对自己的行为做出"非此即彼"（either/or mindset）的选择：要不然就是那个人的样子，要不然就是完全相反的样子，没有任何适度的、中庸的选项。但凡你注意到了自己对某项工作的贡献，你就会立刻批评自己，是不是有点轻狂了。"非此即彼"的思维模式绝对是你在职业生涯中的陷阱，本书会多次提到这个陷阱的阻碍作用。

第二，勤恳工作且"深藏功与名"让你从道德层面觉得自己高人一等，尤其是和那些习惯于表扬自己的人相比。但这会带来一个严重的后果，那就是当你躲在自己的"舒适区"不愿继续向前的时候，你会以此作为借口，让自己感到宽慰。比起发现自己不愿自我表扬的问题并加以改正，你反而会为自己庆幸：你是个好人，你才不会为自己吹嘘。所以当你错过升职机会的时候，你也会用这一点来安慰自己。

马歇尔指出，很多人行为模式的动因都是符合"相关群体"（referent group）的期待。这个词最开始是由已故的"多样化管理"先驱——罗斯福·托马斯提出来的。它指的是人们的行为模式总是受到所在群体的影响，即个人总是想表现出周围人所期待的样子。如果你觉得谈起自己的功劳是一件错事，那很有可能是受了周围人的影响，比如其他女同事、之前的一个老板、特定的文化环境、你的家教……如果你周围有人认为这么做是错的，那么你也会不自觉地这么想。

这么做产生的不良后果就是你总把违背他人的期待当成犯罪，即使有时基于你的专业判断而需要否认他人的错误见解时，你也会畏缩不前。但请你设想一下，假如一个女人到了 70 岁、80 岁，甚至 90 岁的时候，还在不断努力地符合他人期待的话，今天世界上就没有女人能够进入管理层了。向前一步，需要你打破很多习惯。没人要求你自吹自擂，但把自己的功劳与价值无限度地缩小并不会让你得到任何好处，对于所有女人来说都是。

匹兹堡的"小透明"

让我们来认识一下艾米，她是匹兹堡一家规模不大却广受赞誉的艺术基金会的执行总监。在萨莉的问卷调查中，她把自己赢得他人认可的能力列为第五等（总共分为 1~5 等，数字越大等级越低），但却把自己的工作能力列为第 1 等。

直到现在，艾米还认识不到这种评价所隐含的问题。从她的成长环境中我们不难看出原因：她出身于一个天主教家庭，并且作为长女，她被要求时刻考虑到别人的需要。她也把这种习惯当成一种美德。但最近她突然意识到，正是这种多年来被当成美德的习惯让她不愿意过多地提及自己的功劳，从而很难让别人注意到自己的价值。

艾米曾参与策划了一场备受瞩目的慈善盛典。这场盛典吸引了整个城市的重要人物，她因此筹集到了比预期高出两倍的善款。她把功劳归功于自己和另一位男搭档米奇。米奇是宾夕法尼亚西部最大公益组织的领导人。他们俩曾多次合作，成绩喜人，因此艾米坚信是二人的合作造就了这一切。

在那场慈善盛典过后的第二天，当地一家媒体的记者采访了艾米，问她此次盛典成功的主要原因是什么。艾米毫不犹豫地夸赞了自己的搭档米奇，感谢他带来了优秀的赞助人。同时她也夸赞了团队中的每一个人，表扬他们的计划周密，能够让这么多优秀的人物欢聚一堂，使得本次盛典圆满成功。

第三天，当采访的文章发布的时候，艾米仿佛遭到了当头一棒。那个采访她的记者也采访了米奇，但他对此次盛典的评价与艾米完全相反。"我简直不敢相信。"她说，"他几乎一个字都没提到我。他把所有的功劳都归到了自己头上，并借此机会大大宣传了自己和他所效力的组织。我也花费了很多时间来帮助他，但他却把这些帮助从功劳簿上完全抹去了。现在整个城市的人都祝贺他，而完全意识不到我的存在。我曾认为我们之间的友谊至高无上，但现在看来，这只是我的一厢情愿。我真想不到他是这样一个自私自利的人。"

当艾米在研讨会上说出自己的故事时，在场的听众无不唏嘘。而现在我们要来回顾一下整个故事，看看到底是哪里出了问题。米奇是一家国际性公益组织的区域总裁，最主要的工作之一就是维护组织的公众形象。当然，如果能同时树立他个人的良好公众形象就更划算了。也许当时他正面临着被年轻下属取而代之的危机，也许他的董事会正在考虑是否给他升职，他所做的一切都是在让董事会注意到自己的价值。

但是米奇这么做有错吗？这样就真的是自私自利吗？利用媒体的采访来为自己和组织做宣传，这可没错。

现在更突出的问题是，为什么艾米没有抓住这次机会，反而在整个采访中不厌其烦地谈及米奇的功劳？米奇是一名成功的领导人，多说说自己也无妨。但为什么艾米觉得自己也非要夸赞他不可呢？

而接下来通过萨莉对二人的采访，我们不难看出是哪里出了问题。首先，艾米夸赞米奇是出自于对一个重要领导者的尊重。但同时她也认为，如果自己夸了米奇，那么他也会做同样的事情——夸赞自己。"我认为他也会在接受采访时提及我的贡献，就像我谈起他那样。"

而恰恰相反，米奇对于艾米在采访时丝毫不提自己的功劳而感到震惊。"这可是媒体在给她机会啊！"他说，"抓住这个机会来宣传自己和自己的组织，将会达到事半功倍的效果。我不敢相信她居然让这次机会就这么溜走了，但这不是我的责任。她明明身居领导层，难道自己看不出来这一点吗？"

很显然，米奇和艾米考虑问题的方式完全不同。艾米把这次采访看作是表现自己慷慨、能提供有力支持的机会，而米奇却把自己的工作重任摆在了首位。

有那么一段时间，艾米安慰自己，她这么做属于高风亮节，她的品德绝对比米奇高尚。但后来当她的董事会批评她错失了这次宣传自己的机会时，她才意识到问题的严重性。这种懊悔让艾米意识到自己该做点什么加以改变了。与其指责米奇太爱为自己吹嘘，不如想想自己应该如何变成一个可以为自己和组织发声的人。

也就是在这时，艾米意识到她是个从不为自己说话的人。比如，如果同事夸赞她的办公室里一切都井井有条，她会马上说那是秘书的功劳；如果她的赞助商夸赞她在领导团队时所发挥的主观能动性，她会立刻把一切归功于自己的搭档。问题是，她已经对自己的这种思维方式习以为常了，并且觉得自己能够升职也得益于此。

直到那次采访后受到领导批评，她才开始反思自己，是不是应该做出改变了。为什么自己会觉得说出自己的功劳是一件尴尬的事情呢？她是不是过于看中自己在众人眼中谦虚谨慎的形象了呢？她想起从前有一个朋友曾说过自己，每次她被夸赞的时候，她都会很快说出自己的不足，好像别人夸她就是给了她一个批评自己的机会似的。"你为何如此抗拒别人表扬你呢？"她的朋友如此问道。

艾米为此咨询了一名领导力教练，她得到的建议是，在别人夸赞你时，简简单单地说一句"谢谢"就足够了。这位教练曾和马歇尔共事过，而他也把这个方法运用到了此后的教学中去。他告诉学员，回应夸奖时只需说"谢谢"二字，一个字也别多说。不要说"谢谢，但我觉得我的团队工作得比我更努力……"也别说"谢谢，这次我们只是很幸运而已……"不要让夸赞你的人感到尴尬，不要发表这些多余的声明，也不要"瞎谦虚"，只说"谢谢"就足够了。这条法则马歇尔在自己的培训生涯中应用甚广。

一开始，艾米也会说些多余的话，比如，"谢谢，但这对我来说并不难"。也就是说，艾米的状态是既接受赞许，但同时又有点不好意思。但是通过反复的刻意练习，她已经能够去掉那些多余的话语了。她说："只说一句谢谢就停下，听起来很简单，但我觉得这是改掉习惯的一个好的开始。如果我能养成言明自己功劳的习惯，或许接下来一切都会变得容易，而这不管对于我自己还是我所效力的组织来说，都有益无害。"

团队中的那个"我"

一直以来，艾米都对自己默默付出且深藏功与名的性格感到很满意。但长时间"沉浸在谦虚中"的习惯让她在进入管理层时看到了问题。这在职场中很常见。如果你进入管理层以后还以为"一切尽在不言中"是种美德的话，你可能就会付出惨重的代价。因为你所代表的不再是你个人，而是你的团队和你们的企业——就像艾米那样。如果你把功劳归于别人，这不仅会给你自己带来损失，还会影响到你的下属、你的合作伙伴、你的领导，包括你的董事会成员。

很多企业没认识到女性的这个问题，因为他们已经习惯了领导层中男性占主导地位。萨莉自己意识到问题的严重性也是由于一次出席女性领导力峰会的经历。那次峰会由世界四大咨询机构之一发起，举办地在亚特兰大的一处度假区。

由于萨莉需要出席两个专家研讨会，所以她已经提前采访了出席本次会议的大部分女性领导人，并且给她们也做了那份曾经给艾米做过的问卷。结果不出所料，即使大部分女领导都对自己的工作感到非常满意，但她们却对自己获得认同的能力表示质疑。更有许多人表达出了自己和艾米有着一样的困惑，这让她们不得不把"获得认可"这项列为最低等。

于是，举办本次会议的人事团队决定，利用这次机会传递出公司想要改变大家习惯的信息。这是由于前段时间一个大范围的调查结果显示，企业中有 40% 的领导者不愿分享信息或者功劳，而且这个结果与男性在其公司高层占据多大比重无关。于是企业把重点放在了如何培养员工的团队精神上。此次人事团队更是把峰会的主题定为"团队比我更重要"。 你可以见到印刷着这句话的横幅从林荫大道挂到会场入口，遍布各个角落。高级执行官萨姆更是强烈要求每一位发言人努力说出团队的成就，并以此作为开场白。

对于萨莉来说，这简直是证明企业经常误解女性领导力的最好范例。说出团队的功劳和贡献对她们来说从来不是问题，真正的问题在于她们不愿提及自己个人的贡献。就像有一位参会女性在接下来的鸡尾酒会中说的那样："我很欣赏萨姆的观点，但我个人却不认同。女性从来没有在建立团队感情上出过岔子。在我看来，我们真正的问题是为自己发声。"

表扬自己的艺术

如果你觉得说出自己的成绩还是令自己难为情，这对你的职业生涯发展就会造成严重的问题，尤其在你跳槽或者升职的时候，问题会表现得尤为明显。说出自己的贡献并相信标明自己的价值并不会让别人觉得你是个自大的人，恰恰相反，别人会因此认为你已经准备好晋升了。

有调查显示，女性在工作面试时远不如男性表现得自信，尤其在说明自己的价值和长处的时候。在健康管理机构工作的弗恩指出："我们发现女性在描述自己的能力和经验时，总是带着试探性。你会经常发现她们在求职信中写下类似的句子：'我之前没有相关岗位的经验，所以我不确定我的履历是否和贵公司匹配。'"

但对于男性来说，即使不是很匹配，他们也会把自己"吹嘘"成完全符合的样子。"男人们通常会说，我想我就是你们正在找的那个人，我在 X、Y 和 Z 领域拥有的技能完全符合你们的需要。或许 X、Y 与 Z 技能都不是我们所需，但这个人的自信绝对会赢得我们的青睐。相比之下，那个谦虚的女性会让我们产生怀疑。有工作机会的时候，即使男性不是很有能力，只要他显示出自信，老板也会更愿意把这个工作任务交给他。我承认这有点性别歧视的嫌疑，但有时女性总是表现得很犹豫，这让我们也不敢把工作交给她们。"

自我表扬绝对不是件丢脸的事情，此事关乎你工作的每一个重要细节，直至影响你的晋升。如果你想把你的价值发挥到最大，就一定要让自己取得的成就被众人知道，尤其是被管理层知道。同样地，在你的工作描述中说出这份工作的重要性和价值也尤为重要。

如果你说不出自己工作的价值，那就等于你对自己的工作根本不上心。你自己都不知道它的价值，谁又会替你知道呢？同时你也表示出了自己对晋升是左右摇摆的。如果你自己都是不坚定的，那你还能指望下属们不遗余力地支持你吗？

在你思考如何自我表扬的时候，你可以把自己当成一个产品，而你是最了解该产品性能的人。当你谈及自己的价值时，你就是在进行自我营销——对每一分价值的营销。每一个优秀的销售员都知道这一点，顾客买你的产品是因为喜欢你、信任你。因为他们相信你的产品能为他们带来价值。为什么他们会相信这一点呢？因为你看起来就是这样的人！创造出可信赖的形象，是所有销售员的不二法门。

怎样有效地自我营销？首先你要相信自己的价值。如果是可口可乐的销售员进行推销的话，他们绝对不会说这样的话："有的人喜欢百事可乐，但如果你尝试一下我们可口可乐的话，你也许会爱上它哦！"大错特错！他们的工作是让可口可乐的光芒最大化地散发出来。他们必须让全世界知道，可口可乐就是最棒的可乐，不要尝试别的了！

如果这种自我营销让你觉得不舒服，那么你就要好好想想为什么这点对你的职业生涯来说至关重要。你最深的动机到底是什么？如果单单走上事业巅峰还不够的话，还有什么别的原因呢？

也许你希望在企业中获得更大权益，这对于某些客户来说十分有利；也许你觉得公司有一个如你这般高情商的人进入管理层是件好事；或许你认为公司里有个女领导本身就是件好事；又或许你想言传身教，给自己的孩子树立一个榜样。

请注意，虽然这些想法都是激励你的动力，但它们并不都是自私自利的。下回你怯于自我表扬的时候，或者说出"这没什么""谁都能做出这样的成绩"的时候，请想想这些"动力"——有很多人都会因为你的成功而受益。

还有什么有帮助的建议呢？那就是抛弃掉你那些"非此即彼"的极端想法。你还认为只有"自吹自擂者"和"勤恳的沉默者"两种人吗？大错特错。这两者中间还有很多个选项。你可以只做一个有自我营销天赋并发挥自我价值的人。根据实际情况，找到"含羞草"和"聒噪的青蛙"之间的中庸之道，这才是对你最有帮助的事。

如果你仍旧觉得自我表扬是一件低等的事，那么我们建议你从另一个方向看待这个问题：马歇尔观察到了对你来说很重要的一点，那就是男性其实很讨厌女性总是贬低自己的价值，总是自我批评。他们认为这样的女同事太假，不值得信任。怎么样？在你知道了这一点之后，还打算继续"支持"他们的看法吗？

如果你觉得改变这个习惯太难了，不如尝试找一位同事来帮你完成。具体的方法你会在本书的第 18 节中看到。这里只提一个小小的方法：你可以请一位同事在下次开会之后评价一下你的表现，虽然这不太会发挥你的主观能动性，但至少是一个开始。

请千万记住，不要对他们夸赞你的话表示出排斥！

6. 坏习惯二：期待别人自然而然地注意到你的贡献

在上一章中，我们详细讨论了不愿提及自己的贡献，这一点是如何阻碍你的升职甚至阻碍你的整个职业生涯的。和这个坏习惯有关的另一个坏习惯就是期待不用自己说出口，别人就会自然而然地注意到你的贡献。这两个习惯相伴相生，都会对你的职业生涯产生负面影响，但它们产生影响的方式却有些差别。

我们之前曾提到过，对于为何难以吸引人们注意到自己的价值，职场女性们都给出了自己的理由。对于"自吹自擂"的误解，我们在前一章已经讨论过了。而其他那些认为"做得还不够"的误解，我们在本节中会做详细阐述。

是的，另一部分人坚定地认为："我的工作成果足以替我说话。"或者"如果别人没注意到我的功绩，那说明我做得还不够。"

这种信条让你为自己不愿意谈及功劳找到了理智的借口，摆脱了心里那份尴尬。你甚至还觉得这种信念会受到赞赏，这是你品行高尚的证明。但事实上，它将你的成果毁于一旦，让你的努力遭到轻视。

这样的事实就发生在艾米身上，那个我们在前一节中提过的公益组织的高管。她曾满心希望自己的合作伙伴米奇可以在接受访问时谈及自己的贡献。同样的事实也发生在埃伦身上，那名硅谷的软件开发工程师，在老板忽视了自己为公司建立的人脉网时感到灰心丧气——因为老板根本无法知道她每天都在联系谁。

期盼他人能主动注意到自己对工作的贡献，不仅会让自己面临事业停滞的风险，还会影响到你如何看待现在的工作——这份你本应该很享受的工作。如果赞赏没有如期而至，你就会觉得自己受到了轻视和低估，你甚至会怨恨领导和那些获得了赞赏的同事。即便你已经不开心了，却依然会庆幸自己不是个自吹自擂的人，并沉浸在自我陶醉之中。

如果你还深陷于这种消极的态度之中，你就要思考一下自己是否真的适合这份工作了。如果你周围的人都看不到你的努力，那你是不是要找个地缝钻进去？其实工作就是如此，当你签下合同，受雇开始工作的时候，它对你的吸引力也会逐渐降低。这也从另一个方面说明了，为什么积极为自己发声很重要。

莫琳得到的教训

莫琳是旧金山一家顶级律师事务所的高级律师。尽管她之前表现出色，却比同期进来的很多男同事升职慢得多。她觉得自己被这家事务所轻视了。于是在当助理的第五个年头，她决定离开。

那时有一个客户向她推荐了公司正空缺的法律顾问的职

位，经过几次沟通后，她带着巨大的惊恐前来告知主管自己的意图。

"是不是让你当上高级律师你就不会离开了？"他问莫琳。

几乎没有任何犹豫，莫琳点了点头。

"我就知道是这样。"他对她说，"你先什么都不要做，你会成为高级律师的。又是公司的董事会一直都不知道你有这个打算罢了。"

为什么他们会不知道自己有这个打算呢？莫琳没有问出声，却在自己的脑海当中反复思索。难道公司里的人没注意到从进公司的第一天起她就在兢兢业业地工作吗？就拿自己的业绩来说，为什么他们看不出成为高级律师才是自己的目标？难道他们真的以为自己会心甘情愿地当一辈子助手？

在那次谈话的两个月之后，莫琳终于成了高级律师。她留在了公司，一干就是14年。3年以前，她被邀请加入了公司的董事会，这也意味着她从此拥有了任命高级律师的权力。在与董事会的人接触并参与了评选之后，莫琳终于明白了自己当年的问题出在哪儿。

她说："加入董事会之后的第一次会议，我们围坐在会议桌前，讨论一男一女两位出色的助理律师谁应该先升为高级律师。他们两个同年进公司，这些年也表现得不分伯仲。在介绍二位的表现时，他们的主管都给予了肯定。但在接下来的讨论环节，这位主管悄悄对我们说，男助理律师似乎更想得到这次升职机会，因为他曾扬言，如果今年得不到晋升，公司将会失去他。"

莫琳十分肯定那位女助理律师的表现，因为她多年的表现莫琳全看在眼里。这位女助理律师十分擅长客户管理，这对事务所目前的发展非常重要，因为很多与事务所合作的公司正在重新评估是否要与他们继续合作下去。"我对主管说出了我的看法，指明了女助理律师对我们当时所面临的挑战具有重要的作用，并且我看不到那位男助理律师在客户管理上能够发挥同样的作用。"

主管虽然同意莫琳的观点，却表示自己并不想让这位男助理律师跳去竞争公司那边。于是莫琳问他，为什么相信他真的会为无法晋升而辞职呢？

"原因很简单，"他回答道，"他来这儿第一天就表明了自己要当上高级律师的决心。他这么多年的努力工作完全是奔着这个目标去的。如果我们真的不给他这次晋升机会，我敢打包票，他会立刻跑向那个第一个向他发出邀约的事务所。"

"那么吉尔呢？"莫琳问道，"难道她进公司的目标就不是成为高级律师吗？"

"也许吧。"他回答道，"但是她从来没有表明过类似的意图。她看起来很享受现在的工作内容。我知道，她为我们建立良好的客户关系做出了很多努力，我觉得她不会因为没有晋升就辞职。"

莫琳终于明白了。就是这个原因，这就是自己迟迟得不到晋升的原因。她从来没想过要在入职的第一天就开始表明自己对升职的期待。她总觉得如果自己做得足够出色的话，等那一天来了，她自然会被选中的。她没想到事实并非如此。

接下来在董事会的三年之中，莫琳不止一次地看到过类似的情况发生，原来她和那位吉尔并不是特例。她总能听到同样的要提拔男助理而不是女助理的理由："他更想得到这个位置，他从进公司的第一天起就这么说啦！如果这回不让他升职，我敢打赌他会立刻辞职。"你不难发现，那些总是把自己的野心表现得过于明显的人，最后都得到了晋升；而那些默默无闻的人——通常是女人，最后都不幸地与升职擦肩而过。

莫琳根据多年的经验总结出了结论：那些试图通过年复一年的努力工作而获得自然而然的肯定的女人，升职通常都比同期入职的男性要慢。而这种延迟是有原因的。当女员工看到同期的男员工比自己更早升职时，她们会认为公司在否定自己的价值，也并不需要自己的存在。于是她们一怒之下决定另寻他处——就像莫琳曾经做过的那样。到头来，公司的高层只会认为女性员工太容易离开了，她们对公司的忠诚度没有男性高。

莫琳说："我从没想过职场女性专注于自己的工作，从不多表达自己对升职的渴望，这一点反而会导致影响自己忠诚度的后果。这有点自相矛盾了，因为我们一直认为忠诚不就是努力工作吗？但实际情况是，领导们反而更重视那些经常彰显自己升职意愿的人，他们把这看作是要在公司干出一番事业的信号。"由于女性基本不会表达出这样的意愿，因此高层才会质疑她们是否能够在这里做得长久。

毫无疑问，那些与女人天性有关的弱点又在此刻发挥了作用。莫琳说："当女性的名字出现在升职推荐表上的时候，你会听到很多人说：'我觉得现在不适合把高级律师的位置交给她，因为她到了该生孩子的年纪了。'我不止一次地指出，大多数女员工都不会因为正值育龄而无法胜任高级律师的工作。我更建议董事会的成员亲自问问她们对自己未来在事务所发展的看法，虽然有点费时间。"

这种弱点其实会引发职场女性的一系列问题，最终使她们丧失竞争优势。莫琳指出："最严重的问题是，将会有越来越多的家伙在进公司的第一天就标榜自己的价值。只要他们一说，领导们就会信以为真。并且领导会习惯性地省去判断的步骤——到底谁才真是这块料，而又是谁只是说说而已。"

因此，莫琳如今十分看中女性是否在为让别人注意到自己的成就而做出努力。"我告诉她们，一定要说出自己都做了什么，取得了怎样的成就，并且要表明自己工作的动机。如果你想升职，那你就说出来，一遍又一遍地说。要是你不说出来，某些高层领导会误以为你对公司没什么忠诚度。只顾努力工作并不会让你得到真正想要的东西。"

电梯中的"即兴演讲"

那么你该怎样让别人注意到你的贡献呢？怎样能做到既成功吸引到别人的注意力，又不会让自己看起来像个聒噪的

"大话精"？你首先要做到的事情是全面审视自己的工作，这个准备会让你日后与人谈起自己的发展意向时有足够的背景做支撑。然后，你就要抓住每一个机会来分享自己的见解。

这个方法是由一位名叫董崂的伦敦女权基金会执行董事提出来的。除了是一名世界一流的银行家以外，他还和组织内的很多女同事尝试继续共同开发更多的优秀资源。最近在瑞士举办的一次女性领导力研讨大会上，有一位参会者问他，女性在提升自己的领导力时，还可以在哪方面做得更好？

他用了一个故事来回答这个人的问题。那是不久前他在去伦敦银行总部时在电梯里发生的一段小插曲。

那天在电梯里，有一个刚入职不就的年轻理财分析师站在董崂旁边，而此时他们公司的一位很有名的高管正好也进了电梯。董崂用了这样的话来评价这个年轻人："他来自中东，非常老练、自信，但彬彬有礼，不像很多总部其他的雇员那样，要么溜须拍马，要么骄傲自大。"

这位高管其实并不知道这个年轻人是谁，因为总部的跨层级沟通很少。但电梯开始上升的时候，高管突然问这个年轻人，在银行里具体做些什么业务。他几乎立刻就回答了三句话，简明扼要地谈到了现在的工作进度，谈到了自己未来希望在南亚领导一个电信投资公司，还谈到了自己的国家和想去的工作地之间可以进行怎样的经济往来。这是一个花费了不到 1 分钟的"即兴演讲"，里面却包含了海量的信息。

他能够如此流畅而清晰地说出所有重要信息点，想必此前一定有所准备。

当这段即兴演讲结束后，这位年轻的理财分析师立刻递上了自己的名片，而此时恰巧电梯停下，门也打开。这位高管接下名片，迈出去之后立刻跟他说："我会把你举荐给我们公司的南亚投资项目组。如果他们没有来找你，你可以给他们打电话，到时候直接提我的名字就可以。"

董崤讲完这个故事，立刻问他的观众："我为什么要和大家讲这个故事呢？因为我觉得这个故事会让在座所有人都觉得受益匪浅。提前准备好一段即兴演讲实在太重要了，这个小演讲里要包含你手头的工作、你未来的计划，以及你凭什么能够胜任。你或许不知道它什么时候能被派上用场，可一旦用上了，对你的人生和事业来说就是一个转折点。它能够让你脱颖而出，获得高层的注意，下一步就是工作机会的降临。我认为机会总是留给有准备的人的，这一点不论何时都不会错。"

董崤认为，提前准备一个电梯间的即兴演讲有三点好处。"第一，这不仅体现了你的抱负，还将你的抱负建立在了可以落实的细节之上。第二，这个机会让高层知道了你的才华和能力，即使现在暂时还用不上，但在未来需要的时候，他们第一个想到的或许就是你。因为高层领导会认为，你的存在会让他们在未来某一天受益。第三，这也会让高层注意到你是一个有思想、稳重而且简洁明了的人。最后一点尤其重要，因为管理者通常都很忙，他们希望能够用极短的时间听到一次对话中的重要信息。"

董崂还强调："故事中的年轻人最厉害的一点，就是他及时地停止了演讲。当他把名片递过去的时候，谈话就此结束，一个拖延的字也没有多说。因为他的任务已经圆满完成了。"

因此董崂建议在座的所有女性都去准备一段电梯里的即兴演讲。演讲内容必须简明扼要，只包含现在的工作、未来的打算以及自己能够胜任的理由，三点即可。"但最重要的一点是，你不能弄虚作假。"他强调，"你在演讲中列出的内容必须真的是你在做的工作以及你未来渴望实现的事情，并且真的有办法实现。不要谈社会背景，不要说太多细节，也无须给出过多的解释、评判和假设。在明确展示出你的能力之后，你只要让它尽可能短小、精悍。"

董崂同时也指出，不要担心自己准备的演讲内容会过时。"如果真的发生了这样的事，你完全可以再去准备一份新的。你要知道你这么做的目的在哪里，那就是让老板知道你的能力，让老板把你与未来的工作机会相挂钩。你只要时刻记住，这段演讲是为了吸引老板的注意，那么即使过时了也没什么大不了的，因为你可以马上换新的。"

心中有杆秤

董崂所提及的电梯即兴演讲就是一次极具战略技巧的个人价值展示，同时也是一次简单明了的工作计划报告。曾与马歇尔共事过且迄今为止影响了无数人的领导力专家彼得·

德鲁克，是第一个提出该技巧的人。同时他也强调，类似的即兴演讲不管是对企业还是个人，都极具价值。

这种演讲不仅能够让你向高层领导简明清晰地陈述自己的能力与抱负，还能让你更加明白自己真正想达到的工作理想是什么。当工作机会来临时，你可以问问自己：做这件事可以帮助我实现理想吗？如果可以，你就接下工作任务；如果不能，你完全可以拒绝。

在第二节中我们提过的米兰达，她就完全可以采用这样的办法，让自己免受同事的"再三麻烦"之苦。如果她能通过准备一段即兴演讲来明确自己的工作愿景，那么她的心里也就有了一杆秤。这杆秤可以帮她鉴别哪些工作非做不可，而哪些工作她应该敬而远之。她本应该知道为什么同事有了那些琐事之后都想麻烦她去做。她也应该早早明白，推掉那些对未来无意义的烦琐工作是一件正常的事。

所以你也看到了，提前准备一个电梯即兴演讲有多么大的好处。它可以帮你认清自己与工作，对未来不再迷茫；它可以帮你变得更加自信，更加胸有成竹；它可以让别人认识到你是一个工作踏实且极具潜力的员工；它也能够让你完全打破那个"期望自己的成就能够被自然而然地注意到"的坏习惯。

7. 坏习惯三：过于看重专业技能的作用

　　力图在每个细节上做到精益求精，希望成为业内专家，这绝对是保住自己工作的好主意。但当你想要在职场上前进一步时，这个想法可能就不太对了。事实上，对于现在工作的精通与熟练，也会让你陷入现在的角色里，难以进步。

　　如果觉得这个观点不可思议，那么你一定和很多职场女性所想的一样，认为成为专家是取得成功的最好方式。因此，你注重工作的每一个细节，连标点符号这样的小事都不放过，以此来让工作成果尽可能地完美。但这种习惯会让你踩上"脚踏车"就下不来了。当你想要在职场里向上攀登时，你会发现对于这些细节的过度操心已经耗费了所有的精力，你已经无暇顾及其他了。而你的男同事在这段时间里都做了什么呢？他们只要把工作完成就好了，剩下的时间都放在为自己的升职建立人脉和拓展视野上。

　　当然了，我们并不是在教你糊弄工作。而且我们也知道，技能和学识对于成功来说是十分必要的条件。但是，如果你想在自己的企业里平步青云的话，你就得明白，只有专业技能并不会让你坐上更高的位置。因为高层管理者更需要的是领导和组织那些拥有专业技能的人的能力，而并不是证明他们自己有多专业。

女性如此想证明自己的专业能力过硬，其实也无可厚非，因为这是她们开启自己职业生涯的第一步。尤其是你所在的公司或机构没有几个女人存在的时候，你就更得证明自己的存在是有意义的——从你到任的第一天开始。也许你的第一任老板曾质疑过你的能力，你为此需要付出双倍的努力来证明自己；也许你曾经因为加入某个工作小组而遭到了男同事的歧视，你为此必须努力证明自己的存在会让他的工作进行得更加顺畅；又或许你并不自信。你太害怕失去现在的工作了，因此只好用努力来保住这个位置。不管原因如何，你的经历终将影响到你的行为，而这些行为在经年累月之后又变成了习惯。你的"专业情结"也许让你保住了自己的工作，并一路走到了今天。但在你走上进阶之路时，你就要警惕这种心态了。

在《必要的梦想：野心造就女性》（ *Necessary Dreams：Ambition in Women Changing Lives* ）一书中，作者安娜·菲尔斯指出，检验你工作是否投入有两条标准：是否足够专业，以及是否获得了普遍的认可。专业就是我们之前所指的精益求精，并且你在做这份工作时能体会到自己的价值得到了发挥——这是个令人享受的过程。而这种享受来源于你的"内在奖赏机制"（ Intrinsic Reward ），意味着你的自我得到了满足，而这种满足是内发的。

而菲尔斯所指出的第二点是：是否获得了普遍的认可，这点对你来说更值得注意。认可是一种"外发的"奖赏，因为它来自于其他人——你需要除你之外的别人去欣赏你的工作水平。正因为如此，女性才更加在意自己的专业水准，因为她们有更多机会集中在一起，然后互相评头论足。这并不奇怪。

　　在此前的章节中我们曾讨论过，正是因为女性不愿意提及自己的贡献，这才导致了她们的工作成果经常被忽视。因为你觉得自己说出这些，会让自己看起来像个"大话精"，所以你更倾向于默默无闻地努力工作且深藏功与名，然后期待别人会自然而然地注意到你的成绩。但有时女性的价值被忽视是由于别的原因，尤其在科研或医疗机构里，女性的能力被贬低仿佛是一种常态，并且有着相当长的一段历史。

　　如果你属于后者所说的情况，那么专业能力就是你有力的武器，它能够让你信心满满地打击那些贬低你的人，促使他们不得不承认自己的错误并且重新审视你。这种内隐自大是非常好的满足感来源，并且可以由你自己把控，所以这是件好事。但还是那句话，当你想升职时，这种信念就行不通了。

阻碍你的正是"专家心态"

　　萨莉曾经出席过在丹佛举办的科罗拉多女性领导力论坛，会上一位名叫阿什莉的演讲者让人印象深刻。最近，年满三十的阿什莉得到了晋升，她成了公司 B2B 电商平台项目的负责人。当被问到是什么助力了自己的升职时，她的回答让人惊讶："我让自己摆脱了那种想成为专家的想法。"

她解释道："我在职业生涯中明白的最重要的一个道理就是，虽然任何行业都需要过硬的专业技能，但若太过执着于此，则会影响你前进。我用了很长时间才明白这点。在我刚入职时，公司里的女性同事很少，我每天都担心自己的工作能不能做得长远。我显然不像周围的那群家伙那么有自信——他们获得了很多肯定，而且对于办公室的氛围感到很满意。于是我每天都过得小心翼翼，生怕行差踏错，试图用努力工作来证明自己的价值。但也就仅仅是如此了，这种工作方式并不会给我带来更多成就。"

为什么不会带来更多成就呢？原因有以下几点。第一，注重每个细节几乎耗费了你所有的精力，这让你再也没心思去建立人脉，而这对你的晋升来说十分必要；第二，过于追求完美，这反而让你自己沉浸在现在的人设当中，难以自拔；第三，你成为"专家"后，老板会很自然地认为你现在的位置非你不可，没有晋升的必要。

阿什莉是最近才明白这一点的。在自己的岗位待到第六个年头，她的上司突然对她说，公司 B2B 电商平台项目组想邀请她进入管理层。"公司内容部的人事部门对此表示同意，但他不想放我走。"她说，"我很惊讶，他居然能够跟我说出这番话。但更让我自己吃惊的是，我居然为他的这番话感到自豪，原来我是如此不可替代。这是我入职以来就想实现的梦想，这种来自他人的肯定对我们来说特别重要！"

但阿什莉却无法控制老板提到的"B2B管理职位"在自己的脑海中不停闪现，尤其是在她看见两个能力远不及她的同事得到了晋升之后。阿什莉这才明白，就是自己一直以来想保持的"专家心态"让自己受到了限制。她带着困惑向自己之前的一位老板求教。老板告诉她，对待每一个职位，你都不应该只看到工作内容本身，而是要看到这份工作会给你带来怎样的未来。

他说："当然，你的确应该把现在的工作做好，但同时你也应该抬头看看前方。老板不希望你晋升，很有可能是你现在的工作做得实在太完美无缺了。什么样的人更容易升职？这个人得让别人都相信他能在更高的位置上做出贡献，得让别人知道他已经准备好接受新的工作了。"

这次对话让阿什莉恍然大悟："我这才明白，我之前的工作态度仿佛在告诉上司，我是心甘情愿要留下来的，我不想升职。但现在我得告诉他，我可不是这么想的。所以，当公司的 B2B 项目平台公布了一个更高层的职位时，我去找上司谈话，明确表示我要竭尽所能地得到这个职位。起先他十分惊讶，但最后对我的决定表示理解，并且表明会给我提供必要的支持。"

然后，阿什莉就给上司写了一封电子邮件，在其中详细阐明了自己能够胜任该职务的种种理由。"那时他们还在讨论以什么样的理由向人事部门推荐我，但当我发出那封邮件后，问题完全解决了，上司还为此向我表示感谢。"

这封邮件其实对阿什莉也有很大帮助，因为在写出自己能够胜任的理由的过程中，她认真思考了一下自己的工作。然后，她发现自己对工作的看法改变了。"我曾经以为是勤奋和注重细节等特质让我走到了今天，但其实我最擅长的是管理工作，而这也是我晋升的最大优势。写这封邮件的过程让我醍醐灌顶，我知道我准备好向前再迈一步了。而且我有自信让老板也知道这一点。"

从你的工位上站起来

安娜，硅谷最大软件公司之一的软件设计师，也曾经体会过这种"专家心态"所带来的局限性。她没有阿什莉那么幸运，可以得到上一个老板的指教，她完全是通过自己的体会明白这一点的。

安娜自小在墨西哥长大，后来去了加利福尼亚州的一所工程学院求学，那里的女生寥寥无几。一位教授甚至很直接地跟她说，教女生简直是浪费时间。

安娜坦言："他经常堂而皇之地在教室里说，你们女生不用担心找不着工作，自然有法律强制企业来给你们提供岗位。他觉得这就够了，根本没期待我们学有所成。而且每当他说这句话的时候，眼睛总是看着我。我明白，他觉得这项政策简直拯救了我们这种拉丁美洲人。"

安娜后来真的遇到了一家积极招收女性软件工程师的公司，因此，那位教授曾说的话开始不断地在安娜脑海中回想。她想证明教授的话是错的，她是凭借自己的真本事被招进公司的。于是安娜对待每一份分配给自己的工作都十分认真，希望以此来证明自己的价值。

她说："我从来都没想过会升职，能够得到这份工作已经让我满怀感激了。我很享受现在的工作，也相信它会把我磨炼成一名越来越有价值的软件工程师。如果不是丈夫突然去世，留下三个年幼的孩子等待我抚养，我或许会永远留在现在的岗位上。我知道，我一定会把最好的一切都带给我的孩子，而且我必须要有工作之余的时间来陪伴他们——于是我意识到我该升职了。"

安娜开始留意并寻找更有潜质的职位，很快她就申请到了为某个法律机构开发新系统的工作。她说："这和我之前的工作氛围完全不同。之前我们只要在自己的位子上好好编程就可以了，而现在我们必须经常和客户沟通，以便更直观地获知他们的需求。我对法律机构的工作一无所知，因此需要经常发起会议，询问律师们对软件的应用需求。"

安娜在这些会议中的主要任务就是提问和倾听，以此获得信息。一开始这让她很不舒服，"我觉得最起码要有相关的基础知识才能坐在那儿，因为以前我做汇报的时候，很多资料都是要提前准备好的。但现在的任务是让那些律师说话，而不是不停地展示我都知道些什么。虽然有点不适应的感觉，但一想到教授那张得意扬扬的脸，我就告诉自己必须要坚持下去，不断进步。"

但是当工作经验更加丰富，得到另一次升职机会的时候，安娜发现只获得这些知识是远远不够的，而建立一个强大的人脉关系才显得尤为重要。她说："当需要你负责的事情变多，时间变得越来越紧时，你就不能指望自己什么都精通了，因为你完全可以委派他人。而且最重要的是，你要相信除你以外的其他人，并且也要让他们相信你，这种逐渐巩固的信任关系才是提升团队工作效率的坚实基础，而不是需要你一个人落实所有细节。"

力量分四种

萨莉在之前的著作《包容网络》（*The Web of Inclusion*）中列出了一章对英特尔的第四位雇员、让硅谷成为世界创新中心的大人物之一——泰德·詹金斯（Ted Jenkins）的采访。泰德回顾了自己公司的发展历程，说自己既见过优秀到足以改变世界的软件工程师，但同时也见过把自己的人生搞得一塌糊涂的工程师。

泰德认为，有四种能量可以使得一个人在企业中得到发展。

第一种能量就是专业素养。这种素养我们之前讨论过，像英特尔或者阿什莉和安娜的公司那样，它们非常需要员工的专业技能和才华，以支持公司创造、生产和销售各种产品，维持公司运转。正因为这种专业技能不可或缺，所以员工们以此作为自己的竞争优势，经常拿来互相比拼，这也无可厚非。但就像安娜发现的那样，当你成为一领导者的时候，再去比拼这种专业技能就没什么必要了。

第二种能量就是人际沟通能力，换句话说就是你在公司里都认识谁。通常你在公司里与不同的人打交道，接到跨部门的任务，与其他部门的同事有过合作，并在此后可以保持联系。如果你能与供货商、重要客户或者该地区比较活跃的人物建立联系的话，这对你的事业及人生发展来说会更有好处。这种人际关系的建立，就像你在自己的账户中储存了大量的钱，这不仅会助力于你未来的晋升，还会让你现在的工作成果更容易被注意到。就像安娜得到的教训那样，如果你太苛求专业素养，就很可能会让自己失去这种建立人脉的机会。而这种人脉关系的价值，在你升职之后会体现得更加明显。

第三种力量叫作个人权威或者个人魅力，这根植于你感染他人的力量。如果没有这种个人魅力，你将很难开展自己的事业，而这种魅力也在帮助你一天天地建立声望。专业素养和人脉都有助于你塑造个人魅力，但是还有很多其他因素也必不可少：要有独一无二的存在感，要有出色的思辨能力，能够激发忠诚度和令人信任的说话方式，或者极具魅力的气质。个人魅力是一位领导者是否优秀的分水岭，或者说，它决定了你能在领导者的位置上坐多久。

第四种力量就是你的地位，或者说你在公司里的"权势"。马歇尔在这里引用了一句彼得·德鲁克的名言："你的决定其实不是自己做的，是你的能力和地位替你做的。"换句话说，拥有一定地位的人才能在一些重大事项上拥有决定权。这就是现实。或许这会激怒一些"专家"，因为他们相信基于自己专业素养的洞见才会对一个决定产生影响，但这种情况很少。这种权势在个人魅力的共同作用下会显得更为有效，因为如果失去个人魅力的加持，其他人就很可能会怀疑你的决定。

泰德·詹金斯指出，一个公司如果想做到良性运转，这四种力量一定是平衡的。如果一个企业的权势因素所起的作用发挥到最大化，那么这个公司的决策一定是武断的，并缺乏必要的信息支持且不得人心。而如果一个领导人把其他员工的专业素养、人脉关系以及个人魅力看作是自己的威胁，这对一个企业来说才是最具危害性的事。泰德强调，英特尔之所以能如此成功，就是因为公司内部实行扁平化管理模式，看重每一个员工的想法，而这才是让整个公司都富有创造力的关键。

泰德的这番话或许会点醒期待只凭借过硬的专业素养便可获得升职机会的你。专业素养、人脉以及个人魅力是你在任何职位上都可以得到提升的能量，它们贯穿你职业发展的始终。当你赋予自己的能量越多，你就离获取权势更近了一步。

这些都是安娜的切身经历。随着她的人脉不断变广，自信不断增强，她发现自己正逐渐变成同事和客户信任的人，这又进一步强化了她的个人魅力。当她最终做到了公司专业服务部门总监的位置上时，也就获取了权力。回顾安娜的职场生涯不难发现，她放松了自己对专业素养的苛求，改变思路，开始注重其他能量的累积。这不仅让她自己获得了晋升，也使三个孩子的生活得到了保障。

安娜的经历值得很多人思考，因为她克服了很多阻力。

首先作为一名女性外来移民，她要忍受学校教授对她的歧视，坚定自己对未来职业生涯的决心；后来她的丈夫去世，她不仅要承受丧夫之痛，还要逼迫自己想办法升职，以此获得可观的收入来维持三个孩子的生活。这一切都让她走出了舒适区，也打破了自己以往深信不疑的"专家心态"。最后她终于明白，建立强大的人脉关系才能让自己在职场上走得更高更远，而不是自己一直都想证明给那位教授看的专业技能。当安娜放下对专业素养的苛求时，她最终获得了作为领导者的自信，以及持续向前的内在优势。

8. 坏习惯四：人缘好，但无法"利用"人缘

我们经常会问职场女性："你最擅长的工作是什么？"有很多女性会回答：人际交往能力，尤其是与客户、同级的领导，还有下属的沟通。有调查可以证实她们的判断基本正确，比如最近两个国际知名的研究结果就指出，高层领导发现女性员工更擅长激励他人，实现双赢谈判，鼓舞士气。这都是因为她们具有此种能力。

然而这些发现却从反面证明了另一个问题。

既然很多职场女性有出色的人际沟通能力，既然很多企业都把人际沟通能力看作是领导力的必要条件之一，那为什么女性从中受益甚浅？为什么她们没有凭此能力在企业中获得更高的职位？为什么当机会来临时，很多平时很活跃、社交很广泛的职场女性却眼睁睁地让它溜走呢？

或许从我们的研究结果中，你可以得到答案。

多年以来，我们见过很多人缘极好的职场女性，可她们却并不擅长利用"杠杆原则"[○]来发挥自己好人缘的价值。

○ Leveraging Relationships，即以职场中的人际关系作为支点，撑起自己较难实现的理想或目标。——译者注

或许不是不擅长，只是她们不屑于这样做。当然，也不是所有职场女性都是如此。我们也认识很多能够以非常巧妙且极具战略性的方式落实该原则的优秀女性，她们不仅能让自己实现目标，还能让从企业和一大群人从中获益。

同样地，我们也见过很多工作努力的女性从不理会这一原则，仿佛完全忘记了人际关系的价值。尽管她们非常愿意花时间去认识别人，提供帮助，耐心倾听别人的问题并给出中肯的建议，拉近与人们的关系，但她们却没有让自己所做的一切在职业理想的实现上发挥作用。

我们曾询问过这些反感利用人际关系的女性的真实想法，这里列出了几个她们的回答：

"我不想让他们知道我与他们认识就是为了利用他们。"

"我想让人们知道，我与他们交朋友是出自于欣赏，而不是在意他们能为我带来什么。"

"我不喜欢那些自私自利的人，更害怕自己也变成那样。"

"我可不是那种诡计多端的骗子。"

"这种'宫斗戏'我可玩不来。"

从这些回答中我们不难看出，让职场中的人际关系发挥出价值，这在很多女性眼中都是一件可耻的事情。然而这种想法是非常有问题的，因为学会利用人际关系是事业成功的关键。

很多人能够成功，靠的不仅是天赋与勤勉，还深刻地明白利益的交换原则。而这种精明的交易方式在男性眼中再正常不过了，他们比女性更深谙其道，而且用得非常坦然。和一个人的关系是否亲密不重要，重要的是在需要的时候这个人能否帮上忙。这是大多数组织内部的运转法则。所以反感此道的这些女性，无疑是把自己摆在了职场的劣势地位上。

茱莉·约翰逊，我们曾在第二节中提到的，与萨莉共事过的一位领导力教练，对此表示同意。她说："在我看来，男人们交朋友时的目的性都很强，他们更愿意与能帮助自己实现目的人打交道。女人交朋友有很多原因，或许是因为欣赏或崇敬某人，或许是想有个能谈谈工作的人，或许是想对某个需要帮助的人施以援手，或许她只是想让别人喜欢自己而已，又或许她们只是想显示自己对友谊的忠诚。"

茱莉指出，其实这些动机本身都是无害的（当然，最后一条有时会有点问题）。并且她认为，女性不仅会在建立人际关系的过程中得到自我肯定，还会得到心灵上的支撑和寄托，这两点对她们来说都很重要，尤其是那些在工作中觉得孤立无援的女性。但若你抗拒以人际关系作为支点来"撑起"自己的理想，那么或许会让你本该实现的愿望变得遥不可及。

这简直有些丢脸，为什么这么说呢？如果你没有让杠杆原则发挥作用，没有让人际关系发挥价值，这不仅会阻碍你自己前进，甚至会耽误你的同事、下属、合作伙伴，甚至公司的发展——仅仅因为你不情愿。而你的这种不情愿，最终也会降低你为世界做出改变的可能性。

杠杆原则的基本要义

杠杆原则对于一个人职业生涯的发展至关重要，因为一个小小的战略性举措很可能会带来超出想象的收获。你可以婉转也可以直接，这取决于个人风格。如果你曾遇到过一名真正优秀的领导者，你一定会发现，任何可以利用这一原则的机会，他几乎都会抓住。

如果你仍然觉得这些话不太中听，甚至表示怀疑，那么你不妨看看接下来的基本要义，了解杠杆原则是怎样发挥作用的，你也可以从中受益。并且，杠杆原则和建立普通的人际关系有很大的区别。

1. 杠杆原则建立在平等互惠的基础上

有些前提是不言而喻的：如果你帮了我，那我一定也会帮你。在实际情况中，这种前提也许会有白纸黑字的承诺，也许是心照不宣的默契，但时刻不要忘了这一点：互惠互利，礼尚往来。如果你让某人帮了你什么忙，就一定要想办法还回去，反之亦然。

杠杆原则可能是一个关系建立的全部，也有可能只是一部分，尺度都可以由个人把握。但重点就是利用杠杆原则，我们可以更快实现自己的目标，拓宽专业领域，同时给两方都带来利益。试想涨潮时的海岸，翻滚的浪花一定不会只掀起一条船，而是海里所有的船。杠杆原则利用的就是这个道理。

2. 不管是大事还是小事，杠杆原则都适用

在日常工作中，只要你提出一个需求，就是利用杠杆原则的开始。这个需求可以是小的、具体的，比如，我正在为一位画家做代理，我发现他的画作与酒店大堂的风格相得益彰，你是否认识从事酒店业务的人，或许你能为我介绍几位需要收藏类似画作的买家？或者更简单点，"你是否能帮我卖出几幅画作"？

上面两个例子就属于小的、具体的，这种需求一般都比较容易实现——也许是在这周、这个月，或者在当年年底之前。但杠杆原则更能够在较大的战略性目标中发挥价值，而这一点才会真正影响你的未来。从小的、具体的需求开始运用杠杆原则吧，或许这不会带来什么"战略意义"，但你会开始明白这种原则的好处。而且，被提需求的对象也会看出这次帮忙的潜在价值，说不定将来在需要时也会有求于你。如果你的需求也能给对方带来工作上的帮助，那就再好不过了，这会使杠杆原则的效能发挥到最大化。

3. 实施杠杆原则，你需要提前"谋划"

在向对方提需求，也就是落实杠杆原则之前，你的脑海中一定要有计划，这和交朋友可完全不一样。不管是未来还是现在，要联络的这个人对你的确有帮助吗？这个人是否会随着时间推移变得越来越有权势？而你有没有擅长的领域，可以给对方带来帮助？这可能会让你们在将来有更长远、更

稳定的合作关系。

虽然是否喜欢对方不是杠杆原则发挥价值的出发点，但最好不要挑个你讨厌的人。杠杆原则的目的是互惠共赢，如果你实在讨厌对方，最后的结果就可能会是一团糟。当然，比起对方给你带来的感觉，你们两个人能否在接下来的合作中给双方带来更大的帮助，这才至关重要。也许随着时间推移，友谊和"杠杆关系"会发生重叠，不过别担心，这也是常有的事。

4. 杠杆原则带来的利益是与众不同的

在之前的章节里，我们探讨了一个职场人士通过专业技能和业务能力可以获得"内在奖赏"（Intrinsic Rewards）和"外在奖赏"（Extrinsic Rewards），而这也可以与杠杆原则有关。在友谊或者普通同事关系中，你的内在奖赏机制发挥主要作用，也就是说你建立的是一段非常主观的、个人的关系。你可能只是喜欢对方给你带来的感觉，你觉得对方很幽默，或者觉得跟对方聊天过后得到了某种启发，从而倍受鼓舞。

但在杠杆关系中，外在奖赏机制发挥了作用，一切都是具体的、可衡量的。比如你利用杠杆关系获得了优质的客户和投资者，提升了个人形象，学会了新技能，等等。在建立杠杆关系前，你想达到的目的一定会被摆在优先位置。当然，这并不意味着你在杠杆关系里完全得不到友谊的快乐，但那只会是附加值，而不是最根本的目的。

找个正当理由

杠杆原则具有目的性、互惠互利性以及战略性，仅凭这些就会让很多女性望而生畏。女性更渴望在人际交往中获得友谊，以此满足自己的内在奖赏机制，她们很少会带着"对未来有用"的心态去交朋友。总回避杠杆原则的女性，更容易把没有利益关系的交往看作是纯洁、高尚和可信赖的象征；而利用杠杆原则总像是在暗中谋划什么一样，让她们觉得对不起自己的良心。

这种想法主要根植于两个问题。

第一，你可能觉得自己技不如人。因为杠杆原则的潜在前提是"如果我帮了你，那么你也一定要帮我"。这就意味着作为一个提需求的人，你也能帮得上对方的忙。你并不是一个祈求同情和可怜的人，你要成为一支潜力股，要能够在未来发挥价值。

换句话说，当你在建立杠杆关系时，也就默许了别人在未来可以有求于你。而你不愿意"利用"别人，或许就代表着你认为自己没有同等的能力来还上这份人情，所以你也会抗拒与你建立杠杆关系的人。

你会在道德层面对杠杆关系有所质疑，这是因为它进一步揭示了我们之前提过的"非此即彼"（either/or mindset）的极端思维模式。

要么就做个好人，从不带着目的性去交朋友，要么就当个坏人，总是希望对方能给自己带来实际利益；要么建立一段没有任何利益关系的纯友谊，要么就是个只为自己考虑的小人。这种极端思维模式造成中间选择的缺失，难道我们就不能成为一个能够帮助别人，并且能够为自己带来些许利益的人吗？

这种极端的思维方式会迫使女性在使用杠杆原则的时候为自己找个正当理由，这样会让那些厌恶此道的女性们得到稍许宽慰，而这一点在平时的工作中屡见不鲜。

让我们来看看阿曼达的故事。阿曼达是一家医疗器械生产商的产品调解员，她所在的公司在世界上享誉盛名，并以自己生产的产品为荣。最近，公司的一位优秀销售员与阿曼达取得了联系，探讨她曾经做过行政工作的一家医院的相关事宜。阿曼达与很多位前同事依旧保持联系，不仅是为了工作需要，更是因为她舍不得和老同事之间的情分。

阿曼达说："凯文拜托我把他引荐给之前医院的负责人，这样他就可以向他们推广我们的产品。但我实在不愿意，原因有很多。首先，我把之前一起工作过的同事看成朋友，我不想他们因为我而扯上一些别的关系。另外，凯文在我们公司是一个进取心很强、很优秀的销售人员。他之前从来没理过我，但现在得知我曾在那家医院工作过，就立刻靠过来。他根本不把我当人看，那我为什么要帮他？这真让我觉得不舒服。"

阿曼达不好意思直接拒绝，所以她的办法就是躲着凯文，以此暗示自己对他的排斥。但凯文可不放过阿曼达，他不停地打电话，这在阿曼达看来简直是恬不知耻。

阿曼达的想法情有可原，但这并不是她拒绝给公司最佳销售员帮个小忙的主要原因。如果她想保护自己在医院的前同事，她完全可以先问问他们是否介意自己的引荐；或者她可以直接告诉他们，当凯文打电话来的时候，你们自己决定怎么应对。并且，既然阿曼达知道自己现在公司的产品质量极佳，那么她也应该意识到，这会给医院带来好处。其实阿曼达这么做的原因很简单，她在捍卫自己的信仰，因为在她眼中，杠杆原则就是一种令人不齿的、自私的行为。

　　尽管对凯文的请求置之不理，但阿曼达却在为一家反家庭暴力的公益机构做代理人。这家机构最近刚在自己的社区成立，为了项目能够正式落成，她必须要打电话募集资金，并且要招募志愿者——而这都需要同事的帮助。想到这是在向那些深受不幸的女性伸出援手，她就一点也没想到自己在"利用"之前的同事。因为这件事的目的是神圣的，所以她没意识到其实自己在做和凯文同样的事情，而且并不会对此有负罪感。因为她觉得自己这么做并不是出自于自私自利，她才不是凯文那种人。

发挥你的力量

　　我们之前所探讨的一切都是在告诉职场女性们，杠杆原则对职业生涯来说至关重要，女性大可以好好发挥它的价值。但我们同时也意识到了一个问题，女性之所以如此厌恶落实杠杆原则，的确有其内在原因。而这个原因与女性根深蒂固的天性有关。

数十年的研究表明，女性更倾向于在人际关系中获得真正的友谊，这能够让她们获得心灵上的支撑以及长久的精神愉快，而不是要建立战略联盟，以期未来发挥价值。友谊对女人来说是一种恩惠，而这恰恰也是让男人们嫉妒的一点：他们也希望自己在疲惫不堪、压力巨大的时候可以有个人倾诉。

　　所以，不要以为我们在教你耍坏心眼，也不要对自己获得的友谊产生怀疑，更不要在别人需要帮助的时候遏制住自己的同情心。你不妨试试在下次的人际交往中，多去看看自己能够为别人奉献什么样的价值，看看自己能否成为他人未来的潜力股。这其实是很多能够将杠杆原则应用自如的优秀职场女性的心态，这也是为什么她们那么富有人格魅力并让人信服的原因。

　　或许你还是"嫌弃"杠杆原则的前提之一：平等交换。但你不妨换个角度看待这一点，因为朋友之间的互帮互助本来不就是一种美德吗？最成功的杠杆关系永远是双赢的，能给你带来好处，也会给对方带来好处。你越是在杠杆关系里慷慨投入，你为对方带来的价值也就更多，而这也是你不知不觉改变世界的方式。

9. 坏习惯五：没有在上任第一天就与下属建立联盟

这一条坏习惯通常会发生在你即将展开一段新工作的时候，不论是跳槽去了一家新公司，还是在你已经工作了十年的公司里换了一个新部门，就像我们在第 7 节中提到的安娜——那位硅谷的软件设计工程师。这样的时刻可能会让你有些不知所措。比如在一些具体工作上，你可能会表现得像个新手，你不知道如何拿到你所需要的一些资料，甚至不知道该问谁。你的老板或许看起来很和善，而且她一定什么都知道，但你却不想总是麻烦她，因为她看起来实在太忙了。

但你明白，自己必须马上适应新的工作。所以你开始研读人事专员发给你的那一大堆资料，并且把自己投入到每一个工作细节里。当你觉得自己可以适应工作节奏以后，才从会从办公桌上抬起头，开始着手与自己的新同事搞好关系。

如果这是你的计划，请千万不要让它落地，因为你正在犯一个很多人都会犯的错误。我们曾经见过很多优秀的女性犯过这个错误，通常这与她们的"专业情结"有关（坏习惯三），有时也与对杠杆原则的排斥有关（坏习惯四）。有时，这也和很多女性所担心的"冒充者综合征"（Imposter syndrome）有关——她们很担心别人会认为自己什么都不懂，自己不适合这个岗位。有时，她们也会怕自己会被别人视作麻烦。但不管出自于什么原因，这种计划都是个错误。

然而，很多女性依然"执迷不悟"，很多到达新岗位的女性依旧在执行这一计划，直到她们认为自己已经熟悉了工作的每一个细节，可以独当一面的时候，才终于抬起头，注意到了四周的新同事——她们总觉得这样才是和新同事打交道的前提条件。

与此相反，男性在到达新岗位时，总是会问一个问题："要想完成这个工作，我该联系谁？"在他们眼中，成功的关键不是自己如何做好工作，而是谁能帮助自己完成工作。他们把人际关系看作是工作的最关键部分，并且在上任第一天就开始着手建立联盟。

而事实证明，这种把人际关系的建立放在优先位置上的思路是正确的，它会让你更快适应新岗位，更快拉近与新同事之间的距离，避免孤立无援。并且不要意外，这才是提高你工作效率的最好方式。

当然，我们的确见过很多在上任之初就迅速建立联盟的职场女性，她们通常都很成功、很有经验，并且一早就明白专业技能只是领导力的一小部分而已，不影响大局。她们知道，在工作最一开始的时候才是最需要专业意见的时候，免得日后出了问题也于事无补。

但的确有很多其他女性需要花费很长时间才能看明白这

一点，尤其是那些长期在自己的部门中没有什么话语权的女性。如果你也面临这种情况，当你的男性同事想要了解你的时候，你可能会觉得十分尴尬，甚至产生怀疑。或者你觉得自己必须要通过专业技能的完备来赢得他们的尊重。

　　你选择的方式，都根植于你相信自己更擅长做怎样的工作。你是更爱追求完美的工作质量，还是更擅长与建立人际关系？当然，大多数人两者兼备。但如果你一开始并不重视"建立联盟"，你就很难获得同事的信任。但是工作中的联系往往与专业技能有关，以此为开端，会让你的工作更加顺畅。若想让自己完全得到信任，建立联盟必不可少。

　　联盟的成员可以是同辈人、同事、高层领导、赞助商、直属下属以及里里外外的支持者，他们都可以帮助你实现自己的工作目标。他们知道你想要完成的计划是什么，并且相信它有意义，就和你自己一样，并且会尽其所能帮助你；他们还会在你遇到难题时帮助你一起解决，并且也会在关键场合提及你的贡献。

　　你也会为你的同盟者做同样的事情，因为建立联盟的基础也是互帮互助、互惠共赢，并且不要限制自己联盟者的范围：有资源的、有话语权的人物可以做你的同盟者，基层的工作人员同样可以成为你的联盟者。你的联盟范围越广，你得到的帮助才有可能越多。

　　联盟是事业成功的灵魂。

　　它不一定非要由你的朋友组成。因为你的联盟中的很多人自带关系网，不用你亲自去结识每一个人，联盟的关系网会在未来数十年中发挥你想不到的价值。社会学专家称这种关系为"弱联结"（weak ties），并且指出，比起自己的坚实友谊，他们通过弱联结找到工作的机会更大，获得的利益也更多。

不管是弱联结还是强联结，善于构建联盟的人都有相同的特征。他们总是能主动联系别人，而不是非要等别人找上门来。他们敢于突破常规，并不是非要用"一个联系另一个"的方式。

上一节中我们提到的阿曼达就与此恰恰相反。她拒绝帮助凯文介绍自己在医院的好友，理由是"他从不把自己当个人看"。 如果她能理解弱联结的作用，那她一定会明白自己犯了一个多大的错误。她完全可以积极地把他引荐给医院的前同事，借此机会把凯文纳入自己的联盟中，说不定这种弱联结就会在未来发挥作用。

同盟者、导师、赞助人

从 20 世纪 90 年代至 21 世纪初，很多职场女性都被劝告，应该给自己找一位导师。尤其是那些有经验的大人物或领导，他们会给你提供好的建议和帮助。这个观点逐渐变成了一种常规，企业的人事部门会为女性员工提供可供选择的导师名单，甚至还会雇佣一些专业的导师与女员工一起工作。但是卡特里斯特（Catalyst）调查公司的一份报告显示，导师或许对女性的工作有一定帮助，但赞助人（sponsor）却在职场女性的成果中扮演重要角色。

于是这个观点逐渐流行起来了。因为导师只会提供一些可行的建议，但赞助商会直接付诸行动；赞助人对于一个企业来说有着至高无上的地位，他们能为你声援，把你的名字提到任务表的首页，把你引荐给重要的同事，扫清你前进路上的障碍。

赞助人的价值不言而喻，但找到一位并与之建立联结，这实在是太难了。而且一个很明显的问题是"僧多粥少"，想要找到赞助人的职场女性远比赞助人本身多得多。就像任何企业的组织图都呈现为一个金字塔图形一样，在塔尖上的人总是少之又少。

一家保险公司的执行董事曾经对萨莉说："我几乎不敢开着办公室的门，因为总有人埋伏在外面，想让我成为他们的赞助人。女性过于看中赞助人的作用，但我们却并不能与她们中的所有人都建立联结。另外，想要建立正式的赞助关系看起来限制重重，因为这种关系能否建立，有时会取决于一些'化学反应'的影响，这是需要缘分的。"

她补充道："现如今，职场女性都一窝蜂似地想要寻找一位赞助人，并把他们看作一支可以让职业生涯所向披靡的魔法棒。我觉得这不是一件好事。尤其是很多找不到赞助人的女性，她们甚至会怀疑自己是否有问题。其实她们并没意识到，这是大环境的问题，而不是她们的错。"

并且我们可以看到，大多数女性在没有赞助人的帮助下，仍然实现了自己的职业目标。就像上文中的那位保险公司执行董事所说的那样："我认为在公司里有个人替你说话的确是件好事，但是倒回去 25 年，没人听说过女员工需要这种支持，反正在我的公司里没有。这些赞助人只会挑选高层男性领导和最受宠的人来提拔，要不然就是那些'老哥们儿'（old boy's network）在发挥作用"。

赞助人的确可以是优秀的同盟者，但他们只是同盟者的一种类型而已。如果你在这条路上走得不太顺畅，那你完全可以把精力花在广撒网上——多去认识不同的人。这样做不仅会让你自己更加强大，没准儿还会让你真的结识一位赞助人。因为在这个过程里，你会保持一定的"曝光度"，从而让自己的贡献可以被更多的人得知。

先后在谷歌和 Facebook 手握大权的谢丽尔·桑德伯格一定是很多人梦想中的赞助人，但她在《向前一步》（Lean In）中写道，那些已经获得很多人支持的人，更容易吸引到赞助人。她认为，赞助人更愿意推那些已经走上成功之路的人一把，而不是营救那些渴望获得关注的"小可怜"。 那么，怎么证明你已经走在成功之路上了呢？一个很显著的标志就是拥有强大的人脉。

卡特里斯特调查公司出具的报告中也指出了一点：那些凭借自己能力吸引而来的赞助人，最能为职业生涯助力。就像作者所洞察的那样："想要吸引到赞助人，你得真有两把刷子，能优秀到先让同事和领导注意到你。你得像一名大学教授一样，日复一日地建立自己的声望。"

那么怎么做呢？建立联盟，从上任第一天开始。

杰出代表

戴安娜是澳大利亚墨尔本一家矿业公司总部的商标诉讼人，她在建立人脉方面一向十分积极。很幸运，她认识了一位赞助人，并且这位赞助人把她推荐到了公司的新加坡船务运输分部，在那里，她会得到更高的报酬和更广阔的发展空间。

戴安娜说："刚上任时，我对船运事务一无所知。这十分复杂，与我之前所处理的业务都不一样。我觉得自己有点被打倒了。我告诉我的老板，我一定会抓紧时间来熟悉工作流程，但这似乎并不是他想听的话。"

老板告诉戴安娜，他雇她的目的并不是想要一名优秀的船务律师。"他说，他手底下的员工已经足够优秀了，但他们却长期不睦，彼此隐瞒信息，甚至离间客户。而我之前领导了几个非常成功的团队，他希望我在这里也能发挥同样的效用。他的原话是这么说的：'如果你之前不是名好律师的话，或许你不会来这里；但现在情况不同了，你来这里不是继续当好一名律师，而是当好一名领导。'"

戴安娜知道自己必须要开始着手与下属建立联系了，但落实起来却困难重重。她说："从第一次开会起我就明白，这些家伙都把我看成是从总部空降下来的外人，不仅占了他们当中某一个人该有的职位，而且对工作一窍不通。我是个女人，在他们大男子主义的氛围之下简直透不过气。看起来，他们并不会为了帮助我成功而做出努力，想和他们称兄道弟简直比登天还难。我只能让自己保持心态平稳，否则会被他们逼疯的。"

戴安娜决定"曲线救国"，她开注意收集顾客和购货商的信息并取得联络，而这些正是她的下属们之前忽略的工作。她说："一开始，我的心里十分没底，因为我对海运事务的了解实在太少了，在我的下属中一定是垫底的。但我决定坦诚相见，一找到机会就去请教问题。之前，我是名专业的律师，我的工作是解答别人问题，所以这对我来说是一种新的体验，这个过程教会我要保持积极开放的心态。当然，我也学到了很多。"

稍稍站稳脚跟后，戴安娜开始参与新加坡当地商会的活动，并被当地浓郁的海上贸易文化所包围。在参加了几次活动后，她意识到自己之前在澳大利亚建立的人脉在这里派上了用场，尤其是那些想要扩展自己贸易范围的客户，他们十分欢迎戴安娜。

她说："让我惊喜的是，之前建立的人脉好像是一个银行账户，在现在所处的海上贸易之国里，仍旧能为我源源不断地提供支持。慢慢地，我的下属们不再对我冷眼相向，因为我变成了他们通往总部的桥梁。更让我没想到的是，我成了新加坡船务运输分部的杰出代表。这让我的知名度更高，也更强大了。"

随着人脉网逐步拓宽，戴安娜开始把优秀的资源和客户分享给团队的下属们。"我经常会在会议中让大家提出现存的工作问题，相较于说出解决方式，我更倾向于告诉他们现在认识的哪个人可以帮助其解决这个问题，并且承诺会在会后先替他打个电话。这种分享很有必要，因为和很多不太和谐的工作团队一样，跟我工作的这帮家伙也很实际。一旦他们发现我是有用的，他们立刻就会妥协。当我发现有两个平日里最不待见我的家伙开始在提案时向我征求意见了，我就知道我的目的达到了。"

现在，戴安娜已经是墨尔本总公司的高管了，她把在新加坡工作的那几年视为自己职业生涯的转折点。"从前的我是一名优秀的律师，靠自己的专业素养获得肯定；而从那时开始，我把自己视为一名优秀的领导者，我的存在就是为了激发员工的干劲儿，提供给他们必要的资源，从而让整个团队高效运转。我以前从没想过这一点，但我现在必须得承认：你认识谁可比你知道些什么重要得多。"

你的联盟就是你的个人品牌

汤姆·彼得斯曾在 1997 年登上了杂志《快速公司》(*Fast Company*) 的封面，封面故事的题目是《你就是一个品牌》。从那时起，人们开始逐渐注意到建立"个人品牌"的重要性。提起个人品牌，你也许会联想到你的能力、你的声望以及你现在的职位。但就像我们上文中提到的新加坡船务运输分部的杰出代表——戴安娜一样，你的联盟也是你个人品牌的一部分。

精明的"自我推销者"绝对深谙其道，因为他们都懂得人脉和关系将在其职业生涯中发挥多大的价值。当然，这也是他们为何能如此大言不惭地吹嘘自己都认识哪些大人物的原因。

如果你和那些大人物仅有过一面之缘，那这就叫吹牛。

但如果你所言非虚，确实与一些大人物有实实在在的交情，那么适时地分享一些信息，这对巩固你的个人品牌和信誉度绝对有帮助，你也会因此成为公司的宠儿。

不管是做领导力教练、作家还是意见领袖，联盟绝对在马歇尔的个人品牌里占据重要位置。他的领导力培训内容简明扼要，只有以下几个步骤：获得反馈，感谢，跟进，宣传，前馈（你会在第 19 节中看到具体解释）。仅仅依靠多年来始终如一的方法，就能获取世界知名 CEO 的青睐吗？实际上，不断地用人脉来提升自己的信誉度，然后不断地继续扩充人脉，这才是马歇尔出奇制胜的地方。

这些人脉还包括自己的学员。不同于别人总是喜欢隐瞒自己的客户网，他总是积极地为别人引荐。

马歇尔毫不保留地称赞他们，告诉别人自己的学员有多优秀，以及这些学员给自己带来了怎样的帮助，同时也会提及自己是怎样通过一名学员认识了另一名学员的。他会把学员们召集起来，请他们在世界一流的餐厅里吃饭。于是这些学员们就有了认识彼此的机会，还可以谈谈工作上面临的挑战。当然，必不可少的是与马歇尔本人的交谈。

这个策略有很多好处：马歇尔让自己的学员们组成了一个精英团队，让他们有了相互合作的机会，这种资源十分宝贵；而且这不仅会提升每个人的公众形象，还让马歇尔因为拥有这样一个"精英学员团队"而更加闻名遐迩。

你可以把马歇尔的方法用自己的方式加以实践，就以你现在所拥有的资源和人脉开始，一步步扩张。

当你把这个计划提上日程之后，千万别忘了一定要夸赞自己"人脉"中的成员，并且尝试让他们也彼此相识。你不必为此成为一个"交际花"，也不用"硬交朋友"。你只是在尽可能地带来一种个人的影响力，同时也可能会让他们彼此受益。

　　什么时候建立自己的个人品牌最理想呢？答案就是上任之初。没有比这时候更能让你迅速获得支持，提高公众信誉度的时刻了。当然，如果你已经在现在的岗位上工作了很久，这条法则也同样适用。请问问自己：下一步，你想去往哪里？你想参与到怎样的项目中？然后你的脑海中一定会冒出五个可以帮你实现目标的人。好了，计划开始了。

　　你可以参考这样的开场白："卡罗尔，我想在西部的郊区拓展一下我的客户资源，你知道我该联系谁比较好吗？我会让他们也知道你的团队有多出色的。"或者这么说："本，我听说你邀请到了那个非常棒的喜剧剧团来我们的年会上表演，你是如何做到的？我也想为我认识的重要人物们举办一次晚会，你愿意参与吗？"

　　这都是一些"轻量级"询问和邀请，但这还不是重点。这个计划的重点是，把别人纳入你的联盟里，并且能够给对方带来好处。愿意给别人带来利益，并且能够拓展自己的人脉，这是职业生涯能否成功的绝对关键点。所以从现在开始，抓住机会吧！

10. 坏习惯六：更注重手头的工作，而不是职业生涯的总体发展

我们经常见到很多聪明、有天赋，并且工作勤奋的女性能够很快地升职，然而不幸的是，她们此后会被"卡"在这个位置上，久久不再提升。她们也会安慰自己：这种状态也不错，大家的关系已经混得很熟，自己的技能也会不断得到磨炼，以此达到精进，等等。

但在内心深处，她们中的很多人还是很不好受的。因为要看着很多同年进公司的人职位渐渐高过自己；看着自己曾经面试进来的"后辈"得到了炙手可热的位置；看着自己即使付出了辛苦的工作，也没有涨多少工资，因为公司的制度是按职位等级涨薪。

如果你觉得自己也碰上了同样的问题，也许就是因为你把大部分的时间都放在了如何做好眼前的工作上，而不是为自己的晋升做好准备。也许你并没有让自己多"露脸"，也没有建立自己的人脉，因为这样才会让别人在有需要时想起你的才能。也许你给了别人太多的信号：你很喜欢现在的工

作岗位，以至于在考虑晋升名单的时候，他们不会再想到你的名字。

如果你觉得自己的情况被说中了，那么你实在是过于专注眼前的工作了，无暇顾及未来的蓝图，而这会让你长期以来的努力化为泡影，对未来的晋升发挥不了任何价值。

当然了，你或许真的很热爱现在的岗位。这虽然可以理解，但安于现状真的不是件好事。如果你在同一岗位上停留太长时间的话，会阻碍你对自我价值的判断，并降低自我满足感；同时，你的能力和你的潜质都没有得到完全的发挥。这是一种浪费。更糟糕的是，你会让别人认为：你觉得自己不配得到更好的职位。

为什么这些在女性身上更容易发生呢？是否有其内在原因？当然，也许你所在的公司就有这样不成文的规定：男人比女人好升职。也许你尚不了解自己，对于自己真正想做什么有些迷茫，这也会阻碍你在职场中的表现；也许你天生就不喜欢折腾，不爱冒险。

但从我们的经验来看，很多职场女性把手头工作放在职业规划之前，这其实跟她们天性中的美德有关系，而那个词叫作"忠诚"。

有调查显示，很多职场女性停留在同一职位的平均时间比男性长，是因为她们认为，只有这样才能体现出自己的忠诚。忠诚是一种美德，但也很容易变成一个陷阱。这种对忠诚的错误理解，足以让你无视自己未来的发展，牺牲自己的抱负，浪费自己的天赋和潜质。而最后的结果就是，你只能眼睁睁地看着别人升职加薪，而自己却依然被困在原地。

忠诚于某人

赛琳娜曾在洛杉矶的一家网络新闻台做了 11 年的助理制作人，在她的职业生涯中，还没有哪一次经历比这次花费的时间更长。当她终于觉得"受够了"，打算改变一下自己的人生的时候，她遇到了萨莉。

在这 11 年中，赛琳娜一直为一位多次获得艾美奖的制作人做助理，她一直以此为荣。她也很喜欢被称赞的感觉，因为这位制作人不止一次地诉说自己为有像她这样优秀的助理而感到幸运，甚至在最近的一次艾美奖获奖感言中，他点名感谢了赛琳娜，这让赛琳娜远在埃及的亲朋好友惊喜异常。尤其是她的父母，他们一直都很喜欢收看美国的网络电视节目，能在艾美奖颁奖礼上听到自己女儿的名字，无疑是一件激动人心的事。

赛琳娜本来很喜欢这种工作节奏，并且觉得自己也会因为有这样一位认可自己的上司而受益。但在助理制作人上停留如此之长的时间，磨光了她所有的期待和耐心。她说："一个和我同年进栏目组的男助理，只用 5 年时间就成了制作人。他不见得比我优秀，但却不断地在寻找机会升迁。我也在等待机会，而且我认为高管们都知道，我已经准备好升职了。"

转折点来了。在参与了不同媒体人做客的一期关于领导力的节目之后，赛琳娜顿觉醍醐灌顶。那期节目的重点放在了升职问题上，受到启发，她后来又参与了几个讲解类似问题的研讨班，并且也找过领导力教练来为自己提供个性化的解决方案。一段时间以后，赛琳娜终于明白自己应该转变思路了——她不能一辈子做一个助理制作人。

这段经历也让她开始反思：自己为什么一直都没有得到晋升。像很多职场女性一样，她也奉行"埋头工作"的法则，觉得自己只要把本日、本周、本月的工作好好完成就可以了。她说："我知道自己一直都想成为制作人，但我总觉得一旦时机成熟了，该来的总会来的。那期节目让我明白这个想法行不通，我必须要另辟蹊径。"

认真思考该如何采取行动后，赛琳娜决定，第一件事就是应该让她的所有同事都知道，自己早已准备好升职，也有能力肩负更多责任。但是光这么想想，她就已经觉得害怕了。"让我告诉我的上司，我想成为一个制作人，并且需要他的理解和支持，这实在是太恐怖了！他会不会觉得我不再忠诚？会不会觉得我丢下他不管了？甚至会觉得我在利用他，拿他的声望作为一块垫脚石，而这块垫脚石已经踩了11年了，终于可以抛弃了"。

然而，这种想法越多，赛琳娜就越明白自己的问题到底出在哪里——她被"忠诚"困住了。因为她对自己的上司总是心怀感激，所以从未考虑过其他的职位；而她的这种"被动性"的确一直在给他的上司带来好处。

赛琳娜也意识到，尽管她的上司总是喜欢夸赞她，但他对其他同事和制作人也是一样的态度。而且，他也从来没有跟纽约总部的人谈起过自己的工作，而这对自己的升职来说是非常重要的一环。

"为什么他从不跟总部的人谈起我呢？"她有点好奇，"也许是我从来没有请求过他去这样做，但还有另一种可能；这些年我已经成为对他而言不可或缺的存在，所以为什么他要主动地调离我呢？当然，我不是在把我依旧是个助理的责任通通怪到他头上，这里面有我自己的原因。但如果我还想往前看的话，我就必须要改变自己这种对忠诚的看法。"

其实，赛琳娜之所以有这样的思维方式，多半与自己的文化背景有关。她知道，自己的家人一定不会理解自己想升职的念头，不仅因为他们很崇拜自己的上司，还因为在埃及，如果能得到一份工作，那都是足以谢天谢地的事情。如果你想证明自己的价值，那么你就要保持绝对的忠诚；如果你还想着升职或者离开，那就说明你是一个不负责任的人。

当赛琳娜明白自己的问题所在之后，便立即与自己的上司沟通，表达了自己想要成为制作人的心愿。而她的制作人上司很快就表示理解，并且愿意帮助她实现心愿。于是几个月以后，赛琳娜去了纽约总部，并在那里担任了好几部纪录片的制作人。"我真的很担心他会责怪我不够忠诚，"她说道，"但是很多工作经历都是你通往下一步的垫脚石，我觉得没必要为自己能够利用一切资源来获得提升这件事感到羞耻，他当然会理解。而且，他能做到制作人的位置上，不也是经历了同样的过程吗？"

忠诚于团队

赛琳娜是一个"忠诚于上司"的好例子，但我们同样可以看见，有很多职场女性因为太想忠诚于团队或部门，而阻碍了自己升职。卡洛斯·马林也是一位领导力教练，他曾在拉丁美洲和美国有过长期的工作经验。他发现过于忠诚于团队，是很多职场女性在职场生涯中陷入瓶颈的原因。

卡洛斯说："很多职场女性习惯于跟进自己团队工作的每一个细节，并且花费很多时间和自己的工作伙伴们在一起。这的确会带来一种内心的满足感，而且对自己团队中的同事有益。但从职业发展的角度来看，这么做真的没有必要。"

因为在卡洛斯看来，把大量的精力花费在自己的团队上，会使得很多有能力的女性忽视自己的人脉建设，丧失认识其他工作伙伴的机会。"所以，当男同事们都在为自己的未来打下人脉基础时，女性员工把所有的精力都奉献给了自己的团队。她们看起来很享受这个过程，而且这种奉献的确提升了团队的工作表现，但却无法引领这些职场女性取得更高的成就。"

更糟糕的是，这种忠诚不仅会让她们没有精力构建人脉、为未来打基础，同时也在无声地释放一种信号：自己想长期留在现在的职位上。卡洛斯指出："管理好你的团队，顶多证明你是一个好的小组长；而能够建立起强大的人脉关系，并以此表现出你想获得更高层领导的肯定，这才释放出了你已做好升职准备的信号。所以我们经常会见到这种情况，那就是在很多职场女性在自己的团队里埋头苦干的时候，很多男员工早已把目光瞄准了人际关系链。他们忙于向外释放出信号：自己可以接受更多挑战并承担更多责任。"

之所以会出现这种问题，是因为很多女性把高层决策者的角色理解错了。她们误认为高层领导的任务是维持公司的正常运转，但事实上他们要承担的任务是给公司带来更多的发展空间和更多可能性。就像卡洛斯自己所观察到的那样，一个好的领导者一直在试图让自己的公司与更好的企业达成合作，并且能不断地制订出战略性计划，而仅仅管理好内部员工不可能让他们有如此大的成就。

若你出于对团队的忠诚，把所有精力都放在对这个小团队无微不至的奉献上，或许只能证明你是一名合格的内部管理者。这种管理能力引领你走到了今天，却也把你困在了原地，并不能把你的影响力发挥到最大。

应得的"自我利益"

除了意识到是自己对忠诚的执念困住了自己，赛琳娜还发现了自己的另一个弱点。她说："我很怕自己成为一个很显眼的人，或者太以自我为中心的人。我总想起那个只用了五年就成为制作人的助理，他只要一说话，就一定是在说和制作节目有关的事情。谁能相信他只是个助理呢？他介绍自己的方式就好像自己一直是一名正式的节目制作人！那时我总是有点瞧不起他，觉得他的表现欲实在太强了。但我现在明白过来，为自己争取利益难道不对吗？"

女性似乎总是习惯性地反感"争取利益"这个词，不光是反感别人做出这种行为，如果自己与这个词有联系，她们会更不舒服。而这就是导致她们总是着眼于手头工作而不是职业生涯规划的重要原因。为什么这么说呢？因为如果你带着职业生涯发展规划的观点来处理日常工作的话，你就会把每一个项目或者任务看作是给未来铺路的砖石。

　　这并不能证明你只顾钻营，并不享受现在的工作。恰恰相反，这意味着你的眼光并不仅仅放在是否享受现在的工作上，而是着眼于未来更长远的"自我利益"。

　　请注意，这种想法一点错都没有，反而是明智的体现。因为别忘了，你现在身处职场之中，你所做的一切都是在为自己创造一个能发挥更大才能的环境，从而实现自己的人生价值。而你不断追求这些能实现自己价值的工作的过程，就是你不断获得自我利益的过程。这个过程将会贯穿你职业生涯的始终。

　　当然，每个人心中对于自我利益的定义都是不同的。有的人认为属于自己的时间比工作和赚钱更重要；也许你觉得给大家留下一个好印象才是自己最在意的事；也许你希望工作能给你带来与众不同的人生经历，甚至让你有机会结识自己崇敬的人；又或者你只把工作当成自己的经济来源。无论是哪一种，只要你明白自己内心深处的愿望是什么，能够打动自己的自我利益到底是什么，然后你就可以通过工作来实现它。

　　我们曾共事过的大多数男性同事从来不会因为追求自我

利益而感到迷惑。男人们总是渴望胜利，所以他们会很自觉地把自我利益和家庭利益摆在第一位。而只有很少一部分职场女性能够秉持同样的态度，并且遗憾的是，她们当中的大多数还是会认为追求自我利益不是什么光彩的事。

海迪是一家国际金融机构的分析师，当她因为职场瓶颈问题向马歇尔寻求帮助时，马歇尔感到十分惊讶，因为在他看来，海迪是那种精明强干的职场女性。于是第一次会面时，马歇尔问她是否已经察觉到自己出了什么问题。

"首先，我想让你知道，我和我的那些同事完全不一样。"海迪回答道，"那帮家伙心里根本就没有公司，他们的眼睛里只有自己，只想着这份工作能够给自己带来什么。他们花费在琢磨如何升职上的时间可比如何干好工作要多得多，所以我不想成为这种人。比起耍心眼、使手段，我更想让自己手上的工作更加完美，这说明我总在为公司考虑，而不是总想着我自己。"

她说完这些，突然停顿了一会儿，然后才若有所思地问："难道……这就是我的问题？"

马歇尔点了点头。

然后他说："我是这么认为的，你不妨听听看。你所在的金融机构发展得不错，可见它在帮助别人投资理财这件事上做得非常不错。所以我想，你的同事们并不是你所认为的自私自利的人，恰恰是因为你们的工作，这个世界才会变得更好。所以你为什么认为只有自己在为公司考虑，而他们没有呢？只要没有犯法、没有违背人伦，你并不需要做出牺牲自己而成全公司的事情。公司建立的最初目的，难道不是为了赚钱吗？因此，想以公司作为舞台来大展身手、获得事业成功的那群同事们，你就更没有权力指责了。"

马歇尔话仿佛一声惊雷，震醒了海迪。在接下来的几个月里，她换了一个角度来审视自己的忠诚之心，也弄明白了自己心里的那股"正直"为何总是会占上风。也许错误的种子，在开始这次职业生涯之前就埋下了。

她开始不停地问自己，到底自己想成为一个怎样的人呢？为什么她会留在这家金融机构里？自己工作的动力到底是什么？她最终想要走向何处？她这才发现，自己其实更适合去一家非营利性的公益组织工作，现在的岗位根本无法实现自己的价值，这才是自己最大的牺牲。

在思考这些问题的同时，海迪也明白了另一个道理，自己责怪那些表现积极的同事，其实有点自欺欺人。说实话，自己有如此敏锐的理财头脑和如此高超的分析技巧，这是一件令她自豪的事，她也愿意接受工作中的挑战。但是责怪同事的时候，她的心里总有一种"负罪感"被缓解的感觉。

为什么说是负罪感呢？很有可能是因为妈妈从小就给海迪灌输一种思想：女孩子不要表现得太上进、太有竞争力，这样是不得体的。其实不管是从前还是现在，她都不赞同妈妈的观点。虽然不赞同，但她的潜意识还是迫使她表现出了妈妈心里对女儿期待的样子。

一旦想通这些之后，她就发现自己其实是一个很愿意积极表现的人，而那些牺牲自我、默默付出的想法完全错误。

她必须强迫自己放下那些负罪感，忘掉母亲从小灌输给自己的思想，扫除所有阻拦自己发挥潜能的障碍。就像谢丽尔·桑德伯格所说的那样：她需要向前一步。

所以，当你也陷入忠诚的陷阱时，当你也难以面对"自我利益"时，当你也觉得自己的同事在费尽心思地升职并因此而加以鄙视时，你完全可以看看本节中的人物故事，看看她们的问题是否与你相同，试着改变心态，然后实现自己心中的工作理想。有很多把手头工作的重要性放在职业生涯规划之前的女性其实都是犯了这个毛病：不愿提及自我利益。但是这个世界缺乏的就是有抱负的女人，为什么你不是其中的那一个呢？

11. 坏习惯七：苛求完美

对于完美的追求或许是引领你走到今天的动因，但现在，这种执念会妨碍你"向前一步"的计划。之所以这么说，主要有以下几个原因：

- 第一，苛求完美的执念不光会给你自己，也会给你周围的人带来巨大的压力。因为你要知道，"完美"这种东西，对于人类来说只能偶尔追求一下，如果事事都想达到完美，那是不可能的。
- 第二，苛求完美会让你一直专注于细节，这可能会导致你没有精力规划未来的宏伟蓝图。但很明显，后者才是一个高层领导者更需要操心的事情。
- 第三，对于完美的苛求会给你带来消极的思维模式，因为你总是会看到一些出了状况的小细节，而你又会认为这些小细节会毁掉整体。如此恶性循环会让你的情绪一直很糟，而消极的心态是一名领导者的死穴。

- 最后，请不要失望，因为完美是一件不可能的事。只要你还活在地球上，不管是你自己还是你的员工们，都不可能达到事事完美。

从我们的经验来看，职场女性似乎更容易陷入对完美的执念当中，因为她们一直认为，只要让工作完美收官，不搞砸任何事情，就会给自己带来成功。尽管通常来看，女性其实比男性更适合做一名领导者，但这种对于完美的苛求把她们弄得精疲力竭，从而陷入不利的境地。结果就是，即使成就很高的职场女性也会对一些小差错耿耿于怀，深深自责，然后会在很长一段时间里失去干劲儿。

有很多其他的领导力教练也发现了职场女性身上有类似的问题，比如我们曾在第 8 节中提到过的茱莉·约翰逊。苛求完美是目前职场女性面临的两个最严重的问题之一（你会在下一节中看到另一个严重问题）。在她执教生涯的 30 年中，这个问题一直存在，而男性学员则很少遇见这个问题。

为何是女性？

为什么女性更容易苛求完美呢？为什么她们更容易认为，只要不完美的人和事物就毫无价值呢？从经验与调查来看，我们发现了两个原因：①天性使然，女人从一出生起就有追求完美的天性；②后期强化，成长、学习和工作的环境让她们追求完美的天性被一再放大。

好女孩的标准似乎总是与"乖顺的女儿""听话的好学生"等形容挂钩，而男孩则完全相反。当提起一个调皮捣蛋的男孩时，人们总是满怀欣喜，因为这被看作是聪明、有活力、有创造力等优秀潜质的象征。尤其是在运动场上，这里绝对是可以通过卖弄与耍帅赢得最多掌声的地方。你甚至会发现，就算男孩们破坏了游戏规则也没关系，只要能得分就是好汉。

与此相反，女孩如果不遵守规则，就一定会被严厉责罚。在学校里，对于打架斗殴等出格的行为，发生在女孩身上的后果可比男孩们要严重得多。因为在大多数人看来，男孩们打架是激素分泌的正常结果，而如果女孩也做了一样的事情，就是有失体面、违反常理。这样的思维模式在那些标榜"男女平等"的学校或者家庭中依然屡见不鲜。

这种对于女孩的"捆绑式期待"直接导致了她们不想犯错、苛求完美的执念，而不犯错的方法就是盯住每一个细节。女生在学校取得的成绩通常优于男生，部分原因是她们生长发育的速度要稍快一些；而我们也必须看到另一个重要原因：好成绩是她们获得赞赏的"最稳定来源"。也并不是说男生考了好成绩不会被赞赏，但相比而言，他们在运动场上获得的欢呼和喝彩要多得多。作为运动员，人们就是期待他们表现出自信、果决、强悍以及所向披靡。毕竟，一击"万福玛利亚传球"⊖即使没有打出预期的效果，这种勇气

⊖ 橄榄球比赛中最激动人心也是风险最大的一种打法，属于终场前的孤注一掷，为的是促成一次超远距离的传球达阵。

本身也值得被赞赏。对于一名运动员来说，没有比征服全场观众更优秀的技能了，不管有什么失误，在最后的告别演说词中都可以忽略不计。

我们在前一节中提到过的领导力教练卡洛斯·马林，也在企业中发现了一个很常见的情况：根据他多年执教所积累的数据以及心理学的统计调查，在制定决策或分配任务时，执行官级别的男性领导者更多地被夸赞为"勇敢""果断"等，而同级别的女性领导者则会被夸赞为"谨慎""出错少"。

卡洛斯和他的团队发现，很多女性高管已然把谨慎小心内化成了一种行动模式，直接结果就是她们实在太担心犯错了，这一点你能从很多细节上看出来。卡洛斯举了个例子："比如说，在一些讨论重大事项的会议上，你仍然能看到很多男性领导在不假思索地开玩笑，甚至说出一些很愚蠢的话，但他们照样能继续谈笑风生。如果是一名女性领导说错了话，她们恨不得立刻咬断自己的舌头，满脸尴尬，好长一段时间都缓不过来。在接下来的日子里，她们变得不太敢说话，以避免犯错，而糟糕的后果就是她们的无所作为又会给自己招来批评。"

对于犯错的恐惧或许与职场女性所面临的现实环境有关：在企业当中，女性犯错误似乎比男性更容易遭到谴责。如果她们出现了工作上的失误，很可能会被指责为女人天生工作能力差，这甚至会影响公司内部其他女员工的地位。这就加重了她们的负罪感，让她们更在意是否表现得完美，更加努力地想避免犯错。

如果你出身于少数民族，这个问题或许会更严重。在美国，女性黑人经常会觉得自己在重压之下喘不过气来，因为她们背负着整个种族的希望。同样的问题也出现在很多来自于欧洲、南美洲或亚洲的女性身上。而不管在国内还是国外，印度籍女性的压力更大，她们不仅要在职场中做一名优秀的员工，回到家里还要当一个好儿媳，而且自己做出的每一步打算都要为这个家考虑。

如果你也遇到了同样的问题，或许放下对完美的执念才能让你免于被众人的期待压垮。而且为了能够做到"向前一步"，你必须要放下它。

苛求完美的代价

卡洛斯注意到，喜欢以高标准、严要求来规范自己的人，也会以同样的方式对待周围的人，这一点是很容易招致同事及下属们的敌意的。这也就不难理解，当职场女性们把苛求完美看作是成功的通路时，她们一定会为此付出代价。

让我们来看看薇拉的故事。薇拉是一家总部位于北欧的国际保险机构的"超级员工"。她智慧超群、工作卖力、组织能力极强，并且能熟练运用五国语言，是一名非常优秀的公共发言人。不管是开源还是节流，她都为公司做出了巨大的贡献，这也让她很自然地成为公司首席执行官的候选人。然而，她对于完美的执念最终导致她与这个职位擦肩而过。

当公司向大家征集三位首席执行官的候选人资料时，薇拉的弱点暴露无遗。这些反馈很多都来自于她的同事和下属，而且他们的态度出奇一致：他们都十分欣赏薇拉的工作能力，但同时也觉得她控制欲太强，太爱指责别人。

有一位与她关系很近的同事是这样写的："薇拉的表现十分出色，在工作成果方面无可指摘，但她似乎对别人的要求太严格了。她太容易焦虑，担心任何细节问题所导致的失败，这让团队里的所有人都精疲力竭。"

另一个下属这样写道："只要你待在薇拉身边，你就永远无法放松下来，她总是在观察是否有一些细节出了纰漏，所以在会议上畅所欲言变成了一件很难的事。因为如果你没有经过深思熟虑就说出某个想法的话，她会用至少五点理由来否定你，到最后，你的灵光一现就是一场浩劫。我认为这严重限制了部门的创新能力。你不难发现，即使是部门里最聪明的那个人给出的方案都是中规中矩的，虽然不会犯错，但是没有任何创意。"

除了"得罪"同事，薇拉对于完美的执念还让她成了一个惧怕任何风险的人。如果你总是想追求完美，那么即使是再小的任务在你眼里都具有高风险，因为你的目光总放在是否会出现什么状况上，从而影响了整件事的完美程度。

敢于冒险的人，一般对失败持有开放的心态。即使在冒险之前你的计划已经完备，也无法保证事事都在你的预料之内。苛求完美会让你的目光总放在自己的可控范围之内，这会造成你的"短视"，变得畏首畏尾，眼界也大大缩窄，然后让你逐渐失去一名领导者该有的自信和果断。

就这样，对于风险的抵触使薇拉失去了首席执行官的竞争资格。虽然她有着卓越的能力和才华，但她似乎还不具备一名高层决策者该有的素养。一位参与这次反馈的董事会成员总结道："薇拉是一个善于发现并处理潜在风险的人，但是这个优点现在看来就不算是优点了。我们的首席执行官必须要有信任他人的能力和承担风险的勇气，还要有一定的远见，这样才能让公司实现可持续发展。"

适度的完美主义

当然了，只要你所追求的完美是适度的、可控的，那么这种态度会给你的职业生涯带来莫大的好处。那么，什么叫作"适度的完美主义"呢？领导力教练茱莉·约翰逊给出了一个很好的范本，就是她曾经的学员之一，达娜。

达娜在一家国际物流公司做了 18 年高管，公司的首席执行官称赞她是公司里头脑最冷静的人。虽然达娜也是个追求完美的人，但是和其他完美主义者还是有着明显的区别。茱莉是这么描述的："达娜也是一个高标准的人，但她从来不表现出过强的控制欲。因为她明白，只要是人就会犯错，她才不会因为某一个问题而否定别人的全部。达娜总是站在全局的角度去考虑一些细节问题。虽然天性注定了她是一个注重细节、偏爱完美的人，但她的目光明显要更长远，也更有包容性。达娜工作起来也很卖命，但是一旦出现了计划之外的状况，她一定是第一个随机应变的人。而且更重要的是，达娜的幽默感十足，即使是批评别人，她也能把握好分寸。我想这才是真正自信的体现。"

茱莉发现达娜身上有两个非常好的特点，这是大部分完美主义者不具备的：第一是很会放权，第二是很会划分优先顺序。

大多数完美主义者都不太会放权。如果你是一个高标准、严要求的人，在你把工作任务分配下去的时候，一定会有焦虑与担心，你很怕被分配到工作的那个人无法理解你的意思。与其浪费大量的时间来解释说明、担忧焦虑，你可能会忍不住想：有那个时间，不如我自己做完得了。

最终，你很有可能会把自己累死。因为工作是永远也做不完的，你会发现自己永远在接电话，永远在为报告书打草稿，而这些工作明明可以交给别人来做。如果你把这种"亲力亲为"变成一种习惯的话，相信我，你的下属们一定会丧失工作的积极性。因为如果每一步都需要上司指手画脚地来操心，那还要他们干什么呢？时间一长，谁还会花心思去做好这些准备工作呢？

你的过度介入直接剥夺了下属们表现、学习和成长的机会，而几乎所有差劲儿的工作团队都是这么诞生的。

如果你在职场中不会放权，那么你在家里的表现也是一样的。你总是忙于做完家人"忘记"干的家务活，于是时间一长，你的家人就会和你的下属们一样，觉得自己不用再去为这些琐事承担责任了。

如果这些话真的是在描述你，那么你的行为也许会让同事和家人感到焦虑，甚至绝望——所有不善于放权的人都会这样。你自己也应该从这些压力中走出来，放过自己，否则你会跟着这些琐事一起殉难。

学会放权在你坐到更高位置上的时候会变得格外重要，因为此时有更多人需要你的管理，尤其是那些有着专业技能与知识的人。如果你把他们的工作也抢着干了，人家怎么可能会对你没有敌意呢？所以，千万不要再抱有"有那个时间，不如我自己做完得了"的想法了，这样不仅会削弱你的领导力，还会让你被大量的额外工作累垮。

不会放权其实也暴露了你的另一个弱点：不会划分优先级，也就是弄清楚什么是当下最重要的、不得不做的，而什么是不需要太在意的。如果你总想着完美，那么在给事情划定优先顺序上一定也会出问题，因为你太想所有事情都完美无缺了，所以根本分不出哪个更重要。因此，能否按时交出公司财务报表或开会是不是迟了两分钟，在你眼里都是要命的事。

如果你想成为一名适度的完美主义者，首先要做的事情就是学会放权和划分优先级，然后试着让自己承担可以承担的风险。这么做不仅会释放你的压力，还会让你周围的人好过些。并且这也是你领导力提升的体现，你的职业生涯一定会因此而受益。

前提是你不再苛求完美。

12. 坏习惯八：总想取悦别人

因为人都是不完美的，所以苛求完美绝对是种错误的行为。但是总想当个好人，同样是种错误的行为。何为"取悦别人的欲望"？就是在任何情况下都想表现得很贴心，希望让每个有求于你的人都不会失望。而这种总想取悦别人的坏习惯，在职场女性身上十分常见，这一点在很多领导力教练的执教生涯中都被不断证实。

如果你也已经把取悦别人当成了一种习惯，你就一定会明白我在说什么。也许你自己也会懊恼地与人谈起自己的这个问题，并且也知道它如何拖了你的后腿。也许当那些耗费时间却让你几乎得不到好处的需求找上门来时，你总是习惯性地接受。也许你经常会花上几个小时，像一个垃圾桶一样听别人抱怨诉苦、发泄负能量，然后自我反思：这帮家伙为什么会找上我？也许你总是会被爱搞事的"戏精"同事缠上身，带来一堆麻烦。你逐渐发现，其他人总有方法避开他们，但你却不行。

由于你总想着如何以满足别人的愿望为先，尽量减少冲突和争执，所以这种总想取悦别人的习惯会让你逐渐丧失判断能力。你的这种弱点，也给了那些别有用心的人利用你的机会，因为他们知道你不喜欢让别人失望。由于太在意别人的心情和想法，你的权威也会逐渐丧失。你最终会成为办公室里最好搞定的那个人。因为总有这样或那样的额外工作需求来绊住你，随着时间推移，连你也会忘记自己的工作目标是什么。

除了让别人开心外，取悦别人不会给你的职业发展带来一丝帮助。那么你有没有想过，为什么你会养成这样的习惯呢？你又该如何打破它呢？

就像我们之前说过的"完美主义者"一样，习惯性取悦别人的人在放权这件事上也有困难。完美主义者不愿意放权，是因为他们觉得不管什么事情，只有自己做出的结果才最满意和放心。而取悦者们不愿放权，很有可能是由于他们曾有被人依靠的经历，因此已经习惯了一个总能提供帮助的身份，在别人有求于他的时候，他不想显得"不中用"，让别人失望。

虽然你也能意识到取悦别人对自己来说不是件好事，但你却无法停下来。为什么呢？因为事事以别人为先，总是乐于助人，这无论怎么看都是在形容一个好人。

心理学家和领导力教练都会告诉你，的确也会有小部分男性深陷于"无私奉献"中难以自拔，但绝大多数仍然是女性。

你一定想问，为什么是女性？

原因有很多。在前几节中我们多次提到过，不管在家里还是在学校，女性在成长过程中一直会被灌输，一个好女孩的标准就是善解人意、贴心、乐于助人等。进入职场后，大多数底层或中层职场女性仍旧在扮演"打下手"的角色。你的工作能力似乎与能否帮上别的同事直接挂钩。如果你拒绝这个角色，想多为自己做打算，也许就会给自己招来批评。另外一个原因我们在之前的章节中也提到过，即使女性进入领导层，她们因为"能帮助别人""能满足别人的期待"等原因获得赞誉远比"行事果决""思想独立"等原因多得多。

取悦别人时，女人天性中的包容与慈爱也发挥了重要作用。这是人类在数百万年的进化中一直需要的力量，没有哪个家庭敢说自己不需要。这种力量让女人天生就对人类的情绪异常敏感，她们会比男性更容易察觉到别人的悲伤、恐惧、焦虑、失望等。这种天赋会在女性的一生中不断地被磨炼，尤其在成为母亲之后。

不能否认的是，能察觉到别人情绪的能力会给你带来一定的好处，不管是在职场中还是在家庭中，因为你会更容易抓住与同事、下属或者顾客们沟通的时间点。你会更快明白什么时候该鼓励他们，什么时候该赞赏他们。如此看来，这种技能对你的公司和客户来说都十分有益，具备"从心到脑"（heart-and-minds）的交流方式也的确是成功者的素养之一。

然而，在竭尽所能地想要满足他人愿望的同时，你也给自己招来了麻烦。也许你曾因为取悦别人而获得了职场生涯早期的成功，但现在让你陷入停滞的可能也正是这个坏习惯，因为你的领导力被这种取悦他人的心愿大大削弱了，最终使你无法向前。

关键人物

　　南茜是一家闻名当地的医疗机构的高级行政主管。在社区大学上了两年学之后，她就开始了自己的职业生涯，从一个前台行政做起。在她之前，家里人的最高学历就是高中毕业，而她也从没想过自己能坐上管理层。但是她在职场中的表现证明她是个聪明、有效率、工作卖力的姑娘，而南茜温暖善良的性格也让她很受大家欢迎。于是没过多久，这家医疗中心开始让她负责患者协调员的工作。

　　所有患者都很喜欢南茜，医疗中心开始不断收到对南茜的表扬信。很快，这家医疗中心的公众信誉度开始提升。当地的一位慈善家主动提出给医疗中心捐款，因为他的母亲被南茜照顾得无微不至。两年之后，公司的高层觉得让南茜只做一个前台简直是抹杀人才，于是他们专门设立了一个负责与患者及家属沟通的职位，并且送南茜去培训和深造，这让南茜获得了一个需耗费四年才可获取的医疗管理资格认定证书。

　　接下来，南茜的事业进入了快速上升期。她先是负责宣传医疗中心为慢性病患者家属推荐护理服务的项目，然后又发起了很多提升医疗中心形象的社区活动。她竭力促进了机构康复训练中心的建立，这让该医疗中心受到了全美国范围内的关注。后来，当医疗中心被兼入另一个更大的医疗体系中时，很多原有的项目都被放弃了，只有南茜提供的方案在稍加改进后仍能施行。因为他们认为，南茜的提议仍然有创收的潜在价值。

在过去的 20 年当中，南茜的事业可以说是芝麻开花节节高。她的一位同事是这样评价她的："南茜是我们中心的门面，不管有什么对外的项目，负责人总是希望由她来执行。"在快要 40 岁的时候，南茜依然是医疗中心的对外项目负责人，因为她总是能得到患者及家属的信任。

但是在事业达到巅峰时，南茜也发现了一些问题。

简单来说就是，她觉得自己有点忙不过来。一部分原因是因为她手上的新项目，而另一个重要原因就是她还要对之前的很多事情负责。那些过去认识的病患和家属，现在有了事情也还是习惯性地找她帮忙。而同样的事情也发生在医疗中心的其他医生和护士身上。

一位护士长说道："南茜似乎有某种魔力，只要她出现，不管多么糟的状况都会变得好起来。项目负责人都觉得，只要有南茜在，问题总会得到更好的解决。尤其是遇到困难的时候，南茜简直就是阿拉丁神灯一样的存在。"而比起医疗中心雇佣的新人，当地的社会组织更希望让南茜出面来进行商谈，因此她的日程表总会被各种会议挤满。

她说："我觉得我一个人干了五个人的活，简直要被掏空了。可是我又找不到什么解脱的好方法。我知道我更应该专注于现在的工作计划，可是我真的不想让这些老朋友们失望。我知道病人和病人家属所经历的磨难，我知道他们不仅在肉体上要承受疾病的痛苦，在精神上也是，所以我怎么能对他们说不呢？难道要我说我现在已经忙得没空管他们了？我可不能对朋友说出这样的话。"

在南茜纠结的同时，有一部分员工已经开始质疑她的工作方法了。有些人很排斥南茜的这种行为，把她看成一个总爱为别人擦屁股的"妈癌"。而那些她当作老朋友的患者和家属们，也能察觉到南茜不耐烦的情绪——他们甚至觉得南茜在有意疏离。南茜想让所有人满意的心愿落空了，她觉得自己怎么做都不够。

伊尔莎的帮助

医疗中心的一位董事会成员察觉到了南茜的状况，在他的建议下，医疗中心聘请了一位领导力教练来帮助南茜解决现在的瓶颈。于是，一位名叫伊尔莎的领导力教练来了。她曾经指导过十几位女性高管，因此很快就看出了南茜的问题：南茜总是想取悦别人，并且认为在别人需要时提供帮助是一种美德。

伊尔莎指出："取悦他人的习惯在职场女性身上很常见，她们会一直保留这种习惯，直到升入管理层，然后才会发现事情不太对。因为此时需要她们管理的人越来越来越多，你需要让每个人都承担自己应尽的职责。如果你没有这么做，你的美德会让别人习惯性地依赖你。"

伊尔莎发现了很多让南茜陷入现在境地的原因，而这些原因基本上都与取悦别人有关。首先，南茜是个太容易有负罪感的人了。成为家里最成功的人之后，她有点担忧，也很怕被别人说成"翅膀硬了"或者"忘本"。而她的亲戚们经常会把类似的形容安在那些成功人士的身上。所以南茜的行为似乎一直把自己摆在很低的位置上，仿佛在告诉世人她没什么了不起。在这种心态下，她很难拒绝别人的请求。

"南茜认为只要自己不管别人了，就会被说成铁石心肠、只顾自己。"伊尔莎说道，"这些话对于南茜来说是无法忍受的，所以她一直想要迎合别人对她的期待，有求必应。但现在的问题是，她虽然可以答应帮忙，但她的时间表已经被挤得够满的了。可只要想起家人们对成功人士的看法，她宁可被各种需要帮忙的人累死，也不忍心拒绝他们。"

伊尔莎还注意到，南茜格外在意有关自己的流言蜚语。"一旦有一点和跟她沾边的负面消息传出来，她就坐不住了。其实她也知道，医院就是一个流言蜚语的集散地。事实上，任何职场都是如此，在等级制度森严的体系里更是，比如医院这样的地方。谁人背后无人说？尤其是身处高位又升职速度飞快的人。"

然而南茜却认为，只要自己成为所有人的朋友，就可以免于被人背后议论。这种思维模式可见于很多取悦型人格者。伊尔莎说："要做一个被别人喜欢的人，这一点对南茜来说很重要。也正因为如此，她无法接受不能控制别人言论的事实。但是身为高级行政主管，她怎么可能一点也不得罪人呢？不管你怎么努力，这个世界上一定会有人讨厌你。如果你身在领导层，你就更应该看开这一点，不然你会觉得全世界都在与你为敌。"

伊尔莎告诉南茜，她之所以能够取得今天的成就，都是因为她的上司们曾经愿意放权给她，这才让她有了施展的天地，否则南茜现在依然坐在前台的位置上。说明了这一点后，南茜逐渐意识到，自己之前大包大揽的行为是个错误。作为一个领导者，她应该给自己的下属们成长的机会，也要让他们通过"试错"来得到历练。

接下来，伊尔莎让南茜列出了下周的工作计划，还要求南茜标记出哪些工作属于自己正在进行中的项目，这就让她的底线一目了然。如果接下来再有人请她帮忙，只要不在标记之列的事情，她都应该拒绝。这个方法帮了南茜大忙，她学会了在该拒绝的时候说不，也逐渐摆脱了自己"取悦者"的人设。

南茜过去认为自己是个乐于助人的人，事实也的确如此。但现在她意识到，自己总想取悦别人的根源就是她想让自己成为一个不可或缺的人。就像伊尔莎说的那样："南茜想参与到所有项目中去，她的过度参与导致了这样一种结果，那就是'所有的事没我不行'。这一点足以让很多抱着乐于助人的心态的取悦者们震惊，因为这与他们'我只是想做个好人'的出发点完全不同。"

家庭中的取悦者

当南茜在职场中获得"超脱"之后，她逐渐意识到，自己在家里也是个强迫症一般的取悦者。可能因为她在职场中是一个"细节控"，所以在家里，她也要确保孩子们的需求都得到了满足，以期自己成为一个模范母亲。

又一次，负罪感这条"黑狗"占了上风。她的工作要求她必须无微不至，所以她也把这个习惯带到了孩子们身上。即使儿子对她说："没事的，老妈，你不用总陪着我。"南茜也会担心如果有照顾不周的地方，儿子长大了一定会留下心理阴影，所以连儿子足球队的热身赛她都不想错过。对于所有需要自己的任务，她都不想拒绝，因为她觉得如果自己不这么做，就是一种失职。

南茜说，在儿子所在的学校，很多妈妈已经辞职了，她们享受做全职妈妈的乐趣，比如在儿子生日当天可以拿出精心烹制的手工蛋糕，把家里装饰得漂漂亮亮。她有一个邻居曾花一个月的时间为孩子们制作装扮龙的服饰，好让他们在万圣节穿。而当自己的女儿披着一条超市买来的、画满骷髅的劣质床单时，她觉得有点难为情。

尽管南茜的妈妈在她小时候也没有为她准备节日装扮，但她很担心自己的孩子会因为比不过邻居而心里难受。她不想让自己的家人们——或者说得干脆一点——别的妈妈们，觉得自己是个只顾工作、不管家庭的女人。

社会学家朱丽叶·斯格尔曾指出，当今的妈妈们对孩子的关注度是前所未见的，在孩子们成长过程中的参与程度远远超过了历史水平。但令人困惑且有点讽刺的是，如今也正是所有妈妈深入职场、坐上高层的黄金时代。

我们上一辈的母亲们很少会在有孩子后继续工作，她们的身影也很少会出现在孩子们的球场上，更不会带着孩子参加各种各样的补习班。孩子们的课余时间基本都是花园或地下室里追逐打闹，要不然就在周围的街上骑自行车；过生日时无非能吃到个蛋糕或者冰淇淋。所以，如今因为工作太忙而陷入自责中的职场妈妈们，很有可能是焦虑过头了。

发达的自媒体平台为妈妈们记录生活提供了技术上的支持，但同时也给了她们新的压力，因为这里无疑是一块新开辟出来的"战场"。有一位母亲曾坦言："很多妈妈会把自己孩子聚会的照片发到 Facebook 上。如果这是一个以马戏团为主题的聚会，照片中就会出现大篷车形状的蛋糕。于是很多人都会看见这些照片，尤其是妈妈们，她们立刻就会觉得，自己是否也应该搞一些诸如此类的创意。"

结果是什么呢？她接着说："一波又一波的妈妈们会紧随其后，发挥自己的创意。很多妈妈甚至会为没有给孩子花重金举办一个生日晚宴而感到失败。家里的男人们要格外留神，照顾好孩子，因为举办宴会时，孩子已经不重要了，重要的是妈妈们要晒出去的照片。我真想大喊一句：'有完没完？'"

有完。唯一的办法就是妈妈们一定要保持头脑冷静，对自己的生活方式保持自信，并且要看清楚什么才是对你和孩子真正重要的事，划分好优先顺序。否则，这些无休止的攀比真的会搞垮你和你的家人。

南茜说："当我学会不再做一个取悦者的时候，我也开始学会分辨什么是真正对家人重要的事情，而什么是外人眼中重要的事情。比如说，我不太喜欢做手工，所以不管 ins

（Instagram）上有多少漂亮妈妈带着可爱女儿做手工的照片，我也没必要拉着女儿摆拍。"

另一个改变是，南茜与家人有了更多真诚的沟通。"我变得很诚实，经常会跟他们说出自己对这个家的看法。如果我不想做什么的话，每个人都应该知道。把家人当成自己最忠诚的伙伴，这让我们之间的沟通效果有了很大提升，他们和我相处的时候也越来越放松了。"

领导力教练发现，女性更容易变成"取悦者"，是因为别人的期待总是无休止地增长。这就好像一头"房间里的大象"，没人说破，可是它一直都在。每次我们在参加一些女性领导者的会议时，总有人会问起"如何平衡家庭与事业"。

一方面，职场女性也同样面临业绩指标的压力；另一方面，她们会不断被各方面的声音提醒："如果你错过了孩子的成长期，你会错过一辈子。"这类触目惊心的言论屡见不鲜。现在，家庭与事业的平衡更多地被描述为"生活与工作的结合"（work-life integration），其实基本意思没有变，仍然涵盖了对职场女性的要求和期待。

想在这样的情况下保持内心的平静，你真的需要好好划分优先级。你不应该想着怎么才能让大家都高兴，怎么才能让别人都说你是个优秀的人；而是要想清楚，你自己想成为一个什么样的人，什么是你生活中最重要的事情。所以，再度审视你现在所面临的压力以及挫折，你一定会发现，停止做一个取悦者，这可以解决很多问题。

13. 坏习惯九：极力"压缩"自己

几年之前，萨莉曾与一个美国国内的女性组织合作，他们每年都会在新奥尔良举办峰会。在得知会议的宗旨之后，萨莉被董事会邀请，为该组织接下来的发展提出自己的建议。

那次的会议在一家市中心的大酒店顶层举办，会议室的外墙是透明的玻璃。那天到场的董事会成员有 30 多人，其中三分之一是男性。大家都在学术界、商界或是公益财团等领域有着不可或缺的地位。

会议室有些拥挤，而且没有一定的座位次序，加上那天很多人都因一场突如其来的风暴而被延误，总有人陆陆续续进来，所以场面稍显混乱。正当萨莉想把注意力集中于自己的发言稿上时，她注意到了一个细节，那就是男性和女性对待迟到者的态度截然不同。

几乎所有女性都会很自觉地为后来者的位置"负责"，比如她们会指出空椅子的位置，或者让出自己的半个椅子。她们甚至会自己站起来再找后边的椅子坐，只为了让后来的人能够快速找到位置。同时，她们还会尽量"压缩"自己的占地面积，比如收紧自己的腿，收紧自己的胳膊，把自己的手包拿到桌子下边去，或者把笔记本电脑放得更靠近自己。

而男人们完全相反。对待后来的人，他们顶多是点头打个招呼，没有人会主动"让位"，那些为了舒服而让自己的大腿也占了一个座位的人依旧稳如泰山。他们的东西在地上散得乱七八糟，但是你不要指望他们会为了让出空间而主动整理。他们似乎觉得这是理所当然的事情，新来的人自会找到自己的位置。

这件事让萨莉印象深刻，会议之后，她便开始注意观察人们的肢体语言，并且格外关注性别造成的身体语言差异。通常来说，女性会通过压缩自己来表示对后来者的接受，哪怕这会给自己造成不便，而男性则不会如此。

所以我们不难从此种肢体语言中分析出大多数女性的特质：包容、体谅，为了适应别人宁可改变自己。这的确是事实。而且那些占据过多空间、东西乱摆乱放的男人们也并不值得欣赏。因为如果你想升职加薪，就得当个"有眼力见"的人，你要能察觉到别人的需求是什么。话虽如此，如果你总是习惯性地压缩自己，这对职业发展来说也不是什么好事。

自我压缩

如果你依然觉得只有通过压缩自己才能表示出接受对方的意愿，又或者你已经习惯性地坐在会议室的后边，那么接下来的信息很值得你思考。哈佛大学的社会心理学家艾米·卡蒂在其著作《姿势决定你是谁》（*Presence: Bringing Your Boldest Self to Your Biggest*）中指出，有调查显示，你在无意识地压缩自己时（收腿、收胳膊、身体滑向一侧等），其实是对自己的权威和能力不自信的体现。

这么做不光会让别人"轻视"你，你自己也会逐渐地自我怀疑、自我否定。因为当你在做出此种举动时，你的大脑接收到了这样的信号："你不够资格占据这里的空间，因为你的能力不行，你应该把位置让给真正配得上的人。"也许你觉得难以置信，可大脑就是这样解读你的身体语言的。

也许你不知道，大脑做出此种解读不是没有原因的，因为压缩自己的占地面积是一种典型的顺从行为。你或许可以观察一下家里的狗狗，当有另一只更强悍的同类靠近时，它会低眉顺眼、垂下尾巴，以此表示服从。或者是猫咪，当它路过一只狗的时候，会很自然地把耳朵捋到后面，蜷缩自己的毛发，然后小心翼翼地走过去。宠物们这么做，是为了传递这样的信息："我真的很弱小、可怜、无助，我没有威胁，求你别看我了，让我过去吧。"

你可能是无意地在压缩自己，或者你是"有意"的：你不想让后来的人太尴尬。不管是哪种情形，你的确在向在场的所有人传递示弱与顺从的信息。但这或许不是你的错，因为毕竟你也是哺乳动物的一种。

毫无疑问，人类是所有哺乳动物里最特殊的，因为我们可以使用语言来表达顺从谦让的态度，而这又是另一种弱化自己权威的行为。幸运的是，已经有无数学者把目光集中在习惯性道歉的女性身上，他们也给出了很多调查报告，所以很多女性已经意识到了这是一个问题。或许你现在已经不再把"不好意思"当成一次对话的惯用开场白了，也不会再毫无缘由地说出"对不起"三个字了。

但是当道歉逐渐下台时，其他自我压缩的词汇便又登场了。比如在英语当中，"只"这个字眼被频繁地使用。"我只是需要占用你1分钟的时间""我只是想简单说两句""我只有一个看法"……。其他类似的词还有：一点（little）、很少（tiny）、很小（small）、很快（quick），等等。比如你会说："我只有一个小小的建议。"或者"我只有一个不成熟的小观点。"当你这么说的时候，你自己都意识不到，这会弱化你接下来所说的话的重要性。

更糟糕也更常见的是语气上的问题。"也许这不是很重要吧""你早已经打算好了吧""这可能有点跑题了吧"，类似这样的表达方式，可能已经成为你启动一次对话的开关了，但它们带来的负面影响往往更强。要命的是一些人已经"本性难改"，他们在结束一句话时总喜欢用上升的音调，这让他们说的话总带有不确定的意味，这会大大降低说话人的可信度。

因此，除了会给别人"别在意我说的话"的错误暗示之外，压缩性的语言方式还会降低可信度。这又是一种弱化自己权威的方式。哈佛大学商学院曾经做过一个名为"谁的话更值得一听"（Who Gets Heard and Why）的调查，结果显示，女性在陈述自己的观点时总是习惯采用不确定的，甚至可以说是心虚的语气，仿佛在提示别人可以给出反驳意见似的。

女性有这样的习惯其实不足为奇，因为过于肯定的语气在她们看来是傲慢自大的象征，她们非常忌惮这样的形容词与自己有关系。当然，这也离不开社会大环境的原因。如果一个女人被定义为傲慢，这就是一种强烈的贬低；而如果一个男人被说成傲慢，人们顶多会认为这是自信过头的体现而已。

尽管如此，哈佛大学的研究表明，采用不确定的语气说话一定会降低你想要传递的信息的接受度。尤其是身处高位的人，他们会认为用这种方式说话的人一定是准备不足、不可托付。谁也不想被看作傲慢自大，更不想被视为心虚无能，所以最好的方式就是直接说出你真正想表达的意思。

处于弱势的女性

很多特定的文化环境把女性的谦逊视为无上的美德，所以在这种环境中成长的女性更容易做出自我压缩的行为。爱子是马歇尔曾经共事过的一位日本女性，她从小到大一直被灌输：女人应当小心谨慎、温柔顺从，在说话甚至走路时都不要发出太大的声音，如果侃侃而谈或坦率直言，会被视为粗鲁和吵闹。这种成长环境给成年后的爱子造成了很大的困扰。每当她坚持阐述自己的观点，或者用很权威的语气来说话时，她都会觉得自己背叛了最亲爱的家人。

谦虚、顺从、自我贬低，这是日语当中"女性用语"的独有特征，并且直到现在，她们还在延续这样的传统。这会给很多进入领导层的职场女性带来麻烦，因为我们都知道，领导力的标志之一就是用坚定有力、舍我其谁的语气说话。

一些国家的文化传统还会限制女性与男性对视、握手，并且只有在对方跟你讲话时，你才有资格开口，这不仅会让女性们难以摒弃自我压缩的坏习惯，还会大大限制她们的工作范围，使其无法施展才华。

还有一些特定文化背景中的女性把含蓄委婉看作是礼貌。甚至一些以直爽为美德的国家，也会鼓励女性说话时要委婉，不要感染力过强。这就导致很多女性在说话时会加入很多不必要的过渡句，比如"首先，让我告诉你我为什么会有这样的想法"等。在阅读接下来的章节时你会明白，加入这些不必要的过渡句，更加降低了说话人所传递信息的接受度。所以，如何让你说的话达到该有的目的？答案是：越直接越好。

"我们"

我们在第五节中曾提到过，在你觉得说出自己的贡献很难为情的时候，你会倾向于把句子中的人称从"我"变成"我们"。即使某一个成果的功劳都是你一个人的，你也会说"我们"如何如何，因为这似乎会显得你很礼貌、很大方。也许有时这样做很得体，但从长远来看，这种行为也会弱化你的存在感。

如果你总是在汇报成果时采用"我们"作为人称的话，不仅会抹杀自己的功绩，还会让别人对你所扮演的角色感到困惑。究竟这个项目是不是你领导的？你到底发挥了什么作用？或者说，主要的工作是不是你做的？这个"我们"具体指的是谁？

心理学家詹姆斯·彭内贝克在《哈佛商业评论》（*Harvard Business Review*）的一篇文章中曾写道，一项针对人称代词使用情况的跨文化调查显示，女性使用"我"的频率要比男性高很多。这不足为奇，因为女性说话的时间总体比男性多，用到的词汇也更多（在下一节中你会看到详细的阐述），并且她们会很坦诚地提及自己内心的看法。彭内贝克还发现，女性更倾向于在谈及主观的、个人的内容时用到"我"这个人称，而男性则完全相反，他们更喜欢在需要陈述客观事实的情况下说起"我"。

但这种情况只发生在日常交流中，而不是职场中。就像我们在第五节中提到的艾米那样，女性在职场中的大多数发言里都更喜欢用到"我们"，并且也为此吃尽了苦头。

能够大大方方地提及自己的成绩和贡献，这是性格坚定和果敢的体现，但大多数人仍然认为这种特质不应该出现在女性身上。谢丽尔·桑德伯格和亚当·格兰特曾在《纽约时报》中撰文指出，很多职场女性都会在自己的亲身经历中发现，哪怕表现得稍微强势一点，你都会被指责，而男人们则完全没有这种困扰。但他们二人也指出，那些谨小慎微的职场女性也没有好过到哪儿去。因为只要她们一说话，别人就会在暗地里指指点点："女人说话就是没有气魄。"

有什么办法来扭转这种两难的境地呢？答案就是"分功"，即换个说法谈及自己的功劳。你可以说你如何支持了你的搭档或者你的团队，这才促成了最后的共同成功。这样可以使"双输"的局面变成你和同事或团队双赢的局面。有功大家分，各让一步会让所有人都开心。

这个办法用来应对那些特别自信的男领导特别有效，因为他们从来不吝于谈及自己的功劳。如果这时你还在一旁不停地说"我们"如何如何，那么所有人都会以为你一点辛苦都没有付出。而"分功"的表达方式既可以让你免于对于太过自我的愧疚以及太过被忽视的委屈，又可以让你学会越来越多地在客观情况下谈起"我"。

提升专注力

当你在行为或言辞上自我压缩时，你传递出来的是自我怀疑的信息：自己是不是不配坐在现在的位置上？而其他人也会把你的犹疑不决看作是一种失格，觉得你不够强大，没有一个领导者该有的魄力。

数十年以来，萨莉总是被问起一个同样的问题，那就是职场女性究竟怎样才能让自己看起来更具领导力。并且她们的关注点都放在了一些外在的细节上，比如怎样穿衣打扮，与别人握手时是不是应该更用力，女领导到底该不该拎包，甚至有人提出是否应该靠整容来提升领导力。

然而多年与优秀的领导者接触而得来的经验告诉我们，

领导力与外在的噱头完全无关，关键在于你能否集中注意力。比如你能否全情投入一项工作任务？能否完全沉浸在一次谈话当中？能否把握住当下，不让任何一个机会从眼前溜走？又或者，你能否让自己投入到未来更远大的目标当中去？

今天我们面临的是一个高工作强度、高科技智能的大环境，很多企业甚至采用了"24-7"的工作制度，这都让人们很难集中注意力于某件事。而这对于女性来说是个很大的挑战，因为她们需要兼顾的责任更多。不管是家庭还是职场都需要她们的能力与投入，日子每天都过得如同跑马拉松一般，十分考验耐力。而且女性本身就有一种能同时注意到很多事情的能力（这一点我们会在第16节中详谈），这就让她们更难专注于当下了。

如果你的定力够强，就会在一个国际化的办公环境中占据很大优势。为什么如此说呢？因为在语言、文化背景不同的情况下，人们会更愿意解读你的肢体语言在表达什么，假如你心不在焉，也很容易就会被识破。你可以仔细回想一下是不是这样。比如，如果你在焦虑地查看手机上的信息，那么你一定无法让身旁的小孩子安静下来；如果你正在为老板今天早上所说的话感到困扰，那么你一定无法训好一只狗或者一匹马。如果连三岁小孩或者其他物种都能辨别你的肢体语言，那么你那些来自五湖四海的下属为什么做不到呢？

除此之外，能否与对方产生情感上的共鸣，这一点正在被越来越多的人看作是领导力的标志。而若想达到这种效果，必然需要你的全情投入。有研究显示，一个人只有完全站在对方的角度看待事物时才会产生情感上的共鸣，因为那时你的神经系统都在模仿那个人的活动方式。所以共情行为源于你的专注力，一旦你走神了，立刻就会丧失这种感觉。

苏珊·戴维博士曾在其著作《情感灵敏度：走出困境，拥抱变化》（*Emotional Agility*）中指出，专注力给职场女性带来的好处远远不止这些。她说，虽然女性总是困惑于如何提升自己演讲内容的接受度，但其实她们在公共场合讲话时所受到的关注远比男性高——前提是她们必须全情投入，并且这么做会使她们看起来更可信、更权威。如果你还能做到放松且坦然地坐在自己的位置上，不要总考虑是否要让开，这会让你的领导力翻倍。

提升专注力的方式其实是放松精神，这一点对女性来说格外重要。因为只有放松精神，你才不会强迫症般地让自己承担太多责任。而操心太多恰恰是很多女人对自己感到无奈的一点。也许你无法完全让自己从爱操心的天性中解放出来，但你最起码要意识到这是个问题，应该开始尝试着去改变了，不然你一定会把自己累死。而且同时做两件事也不太可能让你在其中任何一件上做到全情投入，因为你的注意力被打散了。而零零碎碎的注意力又成了另一种压缩领导力的方式。

另外，过多地承担责任是让你的大脑精疲力竭的"最好"方式，即使是两项不太忙碌的工作内容，若要让你在同一时间里完成，你也会感到紧张和焦虑。脑神经科学家已经通过大量的实验证实，你的大脑只有在集中于一件事上的时候，神经活跃度才最高，运转得才最有效率，而不是同时想把很多件事做好的时候。

而且操心过度也会给人留下一些不好的印象。试想一下，如果你在一次会议中看见一个人在不停地看手机，你一定不会觉得这个人是个重要人物，你更不会觉得他的专注力很强；恰恰相反，你会觉得他是一个做不好时间管理的人，因此才总是忙不完工作，也无法在当下集中注意力。所以，如果你也是一个操心过度的人，那你就要提高警惕了，因为这种行为会从各方面降低你的领导力。

好消息是，即使你的注意力也经常被打散，也请不要太过焦虑，因为这不是某种人格缺陷，就像你习惯于压缩自己、习惯于给别人让位置、习惯于用谦逊的语气说话等行为一样，这也是一种后天养成的习惯。通过练习，你完全可以打破它们。也许这个习惯会从某些方面给你带来帮助，但当你想向前一步的时候，它就会拖你的后腿了。如果你想改变，那就先从练习全情投入当下开始。

14. 坏习惯十：夹杂太多情感

作为职场女性，你一定会发现自己需要在一些工作场合压制住自己的情感流露，尤其是在一群优秀的男同事面前。你这么做很有可能是为了迎合工作场所的氛围。当然也有可能是你听到了一些人对你的评价，比如一定会有人觉得你的情感表达得太强烈了。

女人经常会听到别人对自己做出类似的评价，究竟该如何对待诸如此类的评价才是一件令人头疼的事。一方面，如果你被认为"过于情感化"，这对你的职业生涯来说可不是一件好事，尤其是在你坐上管理层之后。你可能会因此被认为不够专业、不靠谱——即使你并非如此。更要命的是，有人会因此认为这样的你不太适合做管理者。

另一方面，如果你总是克制自己的自然反应，就会让你觉得尴尬、呆板、别扭。久而久之，你会找不到自己的存在感，从而对工作的热情大打折扣。过度的自我克制的确会阻碍你的工作表现，让你无法成为最好的自己。你的天性被人为地遏制住之后，你的个人影响力也会跟着降低。

并且，这种情绪上的自我控制会影响别人对你的信任程度。你的工作伙伴会把你的这种反应理解为"不想合作"，因为你看起来像是在极力隐藏什么不可告人的秘密。他们还会怀疑，你到底出了什么状况，正常点不好吗？他们中的大多数人不会知道你都获得过怎样的评价，所以才变成了今天的样子。

　　作为职场女性，情感太多和情感太少都会让你陷入尴尬的境地，似乎怎么做都是错。这种情况在你进入管理层之后会愈演愈烈。到底该有一说一还是"绷住"真实的自己？或者说，如何在两者之间找到平衡？这都是你要处理的难题，而且这个过程很容易让你怀疑人生。

　　如果你在男性员工较多的环境中工作，过多地流露情感只会招来更多的负面影响。一些男性对于女性可以示弱这一点是非常"嫉妒"的。身为男人，他们不能轻易暴露自己的恐惧、悲伤等情绪，他们必须做到隐忍，所以凭什么女性可以自由地表达出自己的情绪？这太不公平了，简直就是专属于女性的特权。还有一些男人会觉得自己被"套路"了，因为女人们一旦表达出自己的情绪，男人们就似乎一定要做点什么来缓和局面。如果男人发现自己什么都做不了的话，这足以让他们抓狂。所以不管怎么说，真实地表现出自己的情绪，这对于职场女性来说多少有点危险。

　　女性的情绪表达范围不只限于示弱，你也许还会听到别人说你"太热情了"，因为你一旦觉得某个方案或者建议可行，你就会立刻掏心掏肺地大加赞赏。当然，在很多特定的文化环境中，这种行为足以证明你的夸赞是出自真心的；但在很多习惯于守口如瓶的工作环境里，这么做无疑会招致误解。

在多年的执教生涯中，我们看到过很多职场女性陷入这种情感"太多与太少"的尴尬境地之中，我们同时也看到很多优秀的职场女性能够化解这种尴尬，还把这种尴尬转化为自己的优势。所有成功都需要自律。在意识到这一点之后，她们把自然的第一反应转化为充分的认识，然后用非常恰当的语气表达出来。而这种模式一旦被固定成习惯，她们传递出来的信息就会更具感染力和公信力。

造成女性"情感太多"的原因主要有三个：情绪化、话太多，以及过于坦诚。虽然这些原因都会招致相似的批评，但每个原因发挥作用的机制是不一样的。让我们分别来看一下。

情绪化

马歇尔在多年的执教生涯中发现，愤怒以及愤怒带来的恶果更容易让男性陷入不利的境地。在《没有屡试不爽的方法》一书中，很多成功男士甚至认为"发飙"是最好的管理工具。因为发怒带来的威力可以让那些拖拖拉拉的员工体会到紧迫感，明白当前有任务需要加快进度。但是，把发飙当成习惯也会带来很强的负面影响，因为这会让员工逐渐产生抵触情绪。久而久之，他们就会对领导者的愤怒感到麻木，继而丧失干劲。

当然，男性和女性都免不了在职场中发飙，但从我们的经验来看，比起愤怒，职场女性更容易被焦虑、仇恨、沮丧、恐惧等情绪所左右。而迅速将这些情绪表现出来的女性，一定会被贴上"过于情绪化"的标签。

男性的日常工作中也会充溢着这些情绪，但他们已经习惯了打落牙齿往肚子里咽，甚至还会化恐惧为力量。所以到最后，愤怒就成了他们唯一可以摆在明面上的情绪。为什么会这样呢？这或许这和大部分男性的成长环境有关，尤其是在童年的运动场上，愤怒被看作是极具战斗力的标志，所以他们不由自主地把这个习惯带进了成年后的职场。

不管是老师还是家长（当然还有领导力教练），都会在女性暴露出受伤、恐惧、受挫或其他脆弱时刻时给予安慰和包容，所以这也不难理解为什么女性会更容易"真情流露"。虽然把这些情绪说出来的效果不如愤怒有杀伤力，但在职场中，这些情绪化的表达却很少会被认同，领导者们就更需要注意到这一点。

让我们说得更直接一点吧。其实你的情绪本身没错，情绪对于日常生活的运转有着不可磨灭的功效，它们会让你明白自己当下处于怎样的情景之中，让你明白什么是不能忽略的、必须要处理的大事。情绪可以说是你认知力的源泉，是能量的催化剂。是情绪让你早上从床上爬起来追逐梦想，也是情绪让你在遭遇瓶颈时咬牙坚持。

所以能够感知到自己在某一时刻的情绪，还能与情绪"和平共处"，这是人生中的一项必修课。然而，直接把你的情绪说出来，这可能是个糟糕的举动。在情绪化的时刻，你的是非观可能会出现偏差，也许你会把自己的状况夸张化，你可能正被笼罩在一个十分不理智的思维模式之下，所以此时你的权威性和可信度都会大打折扣。

总结一下，能够察觉并明确自己的情绪是一项技能，而直接说出自己的情绪则会毁掉一切。

罗莎是一家建筑公司的执行总监，她所在公司的项目可以说遍布整个亚马逊平原。她也曾经因为情绪问题求助过我们认识的一位领导力教练，后来她终于战胜了情绪，并且还能做到化情绪为力量。

这个过程并不简单。在职业生涯早期，她一直被人称作"暴脾气的拉丁女人"，尽管她长得有点像索菲娅·维加拉（Sofia Vergara）[⊖]，但这也帮不了什么忙。总被定义为"过于情绪化"最终促使罗莎下决心改变自己，她不想再让这个缺陷成为自己职业生涯的阻碍了。

她提供了一个范例。"有一次，我和公司的执行团队与投资方在圣保罗开会，那次会议的氛围不是很好。我的下属们对于对方提出的诸多要求十分抵触，我几乎一直听到他们在抱怨，说这些要求简直就是不顾他们的死活。"

作为会议室里唯一的女人，罗莎明白自己不能再让气氛恶化下去了，所以她采取了自己应对这种局面的一贯方法。

⊖ 索菲娅·维加拉，1972 年 7 月 10 日出生于哥伦比亚，演员、模特，曾出演过《摩登家庭》《大麻烦》等影视剧。

"我先是耐心地等待了一会儿，让他们说出心中的所有想法，与此同时弄明白自己到底是怎么想的。我那时意识到，我心中主要的情绪是担忧，即使我知道继续按照投资方的要求做下去会是个错误，但毕竟这个项目我们已经规划了一年多了。"

搞清楚自己的想法并且让会议室里的氛围缓和下来之后，罗莎发话了，她用了低沉且坚定的语气说：

"同事们，我非常理解你们的心情。事情发展到现在这种局面，我和你们一样，也觉得不爽。但你们也知道，我很擅长于倾听自己的心声，这就是我现在正在做的事情。我把我的想法告诉你们。目前从图纸上来看，这个项目还是不错的，但我担心的是，也许我们并没有搞清楚投资商到底想要什么，这会让公司多年的信誉和名声受到影响。所以我建议我们先不要着急，而应多做一些调查工作，做好前期的准备。如果有人愿意参与调查，我将无比感激。我知道这些话你们可能不太愿意听，但是我们不得不为公司的未来着想。"

罗莎的这番话其实非常有力量，因为她彰显了自己的权威、自信以及深思熟虑。当明确自己的情绪之后，她又把情绪以有逻辑、有共识的方式传达出来。她没有压制住自己的恐惧，但她把自己的恐惧情绪进行了加工，并且没有用慌张的语气说出来，这会让紧张的气氛瞬间缓和，所有人都会从尴尬中解脱出来。

罗莎后来又指派了两个男同事来做相关的调查，这其实也是带有目的性的，因为这样她就有了同盟者，也会有更多的证据来证明公司不应该再继续这个项目了。这样自己就不会成为"孤独的卡珊德拉"（Cassandra，希腊神话中的凶事预言之神），这是一个非常不讨喜的角色，而很多女性总是免不了担责。

罗莎的案例中有很多值得我们学习的地方，比如她如何展现了自己权威性，以及她如何转化了自己的恐惧情绪。罗莎过去是一个被诟病为"太过情绪化"的人，但她现在已经学会了不用情绪化的语言来表达出自己的情绪，这会让自己说出来的话语更富有一个领导者该有的力量。

话太多

有调查显示，女人每天大约会说 20000 个字，而男人的平均值是 7000 个字。所以当一个女性在男性占比较多的环境中工作时，她的简化能力很有可能会遭到质疑。她也许会被诟病为"话说得太多"，或者说得准确点，她总是会说出很多"正确的废话"。

什么叫正确的废话呢？就是在说话时给出太多背景信息或其他无关的陈述，而且明明能用几个关键词就概括的事情，却非要长篇大论。还有一种尴尬的情况时，女性总是会在没人说话时主动接话，甚至在别人没问她之前主动开口，这都会让她们被扣上话太多的帽子。

"话太多"有时起因于没有安全感，但也有可能是你的天性发挥过度。健谈是上天赐予女性的礼物，因为这种天赋会让你更容易拉近与其他的人距离，注意到很多别人忽略的细节。但前提是你要正确地运用这种天赋，在该说话的时候说话。

很幸运，萨莉在自己的职业生涯中接触过很多符合上述特点的女性，最近的一次经历让她更加深刻地理解了如何才能做到这一点。萨莉接到了一个关于女性领导力的演讲邀请，参会人员均为全球知名生物科技机构的女性高管，并且她也参与了会后的自由讨论。在此期间，萨莉结识了雪莉，雪莉在一家知名医疗机构主管科研工作。萨莉邀请雪莉谈谈今天能够有此成就的最主要原因。

几乎没有任何犹豫，雪莉回答："一定要少说话，说对话。"

她解释道，自己在进公司之前是一位医疗工作者，那时她就开始训练自己的这种能力了。她说："20 年的私人医生经历让我深刻体会到了少说话的好处。我来自美国南部，你也知道我们有着怎样的闲聊天赋，但作为一名私人医生，你与病人及家属的说话时间其实很有限，而在这有限的时间里，你需要传达的信息又很多，所以用最少的话说出重点是非常必要的技能。如果你开始加入一些不必要的细节，聊起来就没完没了，那么下一个等着你的病人应该怎么办呢？而且一个医生如果说得太多，会让病人产生怎样的想法。这都是很容易失控的事情。"

雪莉对自己的训练给我们提供了非常好的范例，尤其是在当下这个高速运转的工作环境中，每分每秒都很宝贵。直接说出重点，会让效率大大提升，对一个领导者来说更是如此。她说，每次开会过后，她的男同事都会对她说话直接说到点子上的能力感到惊奇，就好像她表演了一个魔术一样。因此她也开始注意到一个问题，很多身居高层的职场女性的确不善于用简洁的方式说话。

她坦言："我们公司的很多女性执行能力很强，但她们在沟通上总是要花费很多力气。我们开会时更需要的是简明扼要，无须说太多无用信息，这样才能体现出权威性和专业性。而很多女同事总是倾向于以介绍背景故事作为开场白。也许她们私底下这么说话是没事的，但是在领导层的会议里，尤其是很多男同事在场的时候，这种说话方式很容易让人不耐烦。很有可能没人会在意她接下来将陈述的关键内容。"

雪莉也指出，少说话、说对话能够实现这种效果，你需要提前做准备。你要明确掌握自己汇报内容的所有细节，并为其重要程度划分好优先顺序。如果你不习惯这种表达方式也没关系，多做练习，甚至在每次开会前提前排练都可以。学会这种技能，对女人来说其实不是难事。

雪莉现在已经着力于教会公司中的更多女性以简明扼要的方式说话。如果她知道哪位女同事的发言稿过长，那么在会议开始前，她一定会稍加提醒。"让她们明白自己该少说话，这对她们来说是有帮助的。我也会让她们知道，我在以这样的方式支持她们，让她们变得更具影响力。并且让我欣慰的是，她们之间也会互相提醒了，那种交代大段背景的汇报方式将逐渐被我的女同事们抛弃。"

过于坦诚

过于开诚布公、直言不讳，这是我们将要讨论的第三个"病因"，也会导致女性在职场中过于情感化，从而削弱她们的领导力。很多女性会犯这个错误，主要源于两个误解：第一，她们觉得开诚布公是建立友好关系的前提，并且在交换私密信息的过程中，你可以迅速地找到人们之间的共同点；第二，她们一直认为，开诚布公会让自己看起来更真实、不做作。

让我们按顺序来分析一下这两种误解。

社会学家黛博拉·坦纳经过大量的调查后得出结论，几乎所有女性都认为建立亲密关系的前提是分享彼此的秘密，所以第一条误解也就不足为奇了。她们不仅会分享自己的希望与梦想，还会深度剖析自己的错误和问题，尤其是那些不堪回首的情感经历。她们认为，互相暴露弱点代表着对对方的信任，这会让两个人的关系变得亲密无间。

而男人们恰恰相反，他们很少会用交换秘密或暴露缺点的方式来交朋友。他们更倾向于在一起做成某件事的过程中建立友谊，尤其是在竞争激烈的环境之下。所以我们不得不佩服男人们的友谊，从来不掺杂任何拖泥带水的弱点。

但你也不得不承认一个事实，那就是女人建立的这种友谊通常要比男人们走得更远。已经有很多调查显示，女性愿意用分享秘密的方式来交朋友，这是她们的平均寿命比男性长的原因之一，因为这种生活方式显然让人更加愉快和轻松。当然，那些仍然对女性有着高度限制的国家除外。

但现实情况是，职场里的人大部分都是男性，尤其在领导层里。职场中的信任更多是为高效工作服务的，而不是为了私下里的情感。很多话也许是事实，但你不能说出来。"我觉得我是个很没安全感的人""有时我觉得自己不配做现在的工作"，如果你经常暴露出自己的真实感受（尤其是弱点），就会使你的可信度大大降低，继而让下属们觉得你不足以得到他们的支持。虽然现在的工作环境和以前大不相同，对于女性的限制也比之前少了很多，但暴露自己的弱点仍旧是一个危险的行为。

让我们再来说说第二个误解吧，那就是坦诚地说出自己的问题和弱点，会让自己看起来是个有血有肉的、真实的人——很多女性仍然对此深信不疑。

做一个真实的人，这似乎是最近几年的流行话题，也有越来越多的言论鼓励职场人士"做自己"。解放自己，活得真实，这的确会让一个人变得更富创造性，而且还能和同事建立更深的联结，这也会让你对工作更有激情。

总让你在工作时戴着面具，扮演一个和自己完全不同的人，这当然对职场生涯没什么好处。但坦诚也有限度。很多企业内部都有着不可触碰的底线，尽管他们也在鼓励员工更加真实，但这很有可能会让你掉入陷阱之中。对女性来说，无限度的坦诚是更危险的，因为在追求真实的路上，你很有可能把自己的职业素养忘得一干二净。

15. 坏习惯十一："反刍式思维"

过度的自我反省，即"反刍式思维"（Rumination），是难以走出过往伤痛的体现，后者曾经被马歇尔总结为第十三个坏习惯，但为了简明扼要，我们把它融入进了第十一个坏习惯之中。如果你难以走出过往的不愉快经历，你的脑海中就会反复上演曾经的悲剧。错误的是，你可能会假装一切都没发生过，而不是接受这些经历，带着它们一起走下去。但你没法控制自己不去回想，并且每回想一次，你就会再痛苦一次。也许你会说，反刍式思维其实是一种反省，这会让你记住自己错在哪儿。但事实上，过度反省是一种自我阻碍的行为，在某些时刻，它真的会影响你的职业发展。

男人和女人都会被过去的一些不愉快经历所影响，但影响方式是不同的。男人们回想起某个惨痛经历时，一定会再次责备那些他们认为把事情搞砸了的人，这样自己的痛苦就会有所缓解。所以每回想一次，他们就会大怒一次。这一点我们在之前的章节中也提到过，愤怒是男人们最"喜爱"的情绪，很多调查也证实了这一点。

而女人们则恰恰相反，她们在回想中也会责怪一个人，那个人就是她们自己。她们甚至会想起一切不被别人察觉的细节，然后反复地对那些已无法挽回的定局深感痛苦，让自己陷入"如果当初……"的懊悔之中，不能自拔。

　　这种不停回想过去的错误并深感懊悔的行为，就叫作反刍式思维。心理学家证实，这种问题出现在女人身上的概率要比男人们大得多。这不仅是因为女性更爱自我反省，还因为她们总是喜欢把错误归咎到自己头上。

　　这对女性来说绝对是一种恶习。

　　反刍式思维在英语当中用 rumination 来表达，它来自于 ruminants 这个词，即"反刍动物"。比如奶牛、山羊、绵羊、鹿等纯粹靠吃草来维持生命的动物，它们需要将半消化的食物从胃里返回到嘴里再次咀嚼，以此摄入充分的蛋白质。为了满足这一特性，反刍动物的胃在进化过程中逐渐变得特殊：食物被咽下去之后会进入第一个胃里进行"预消化"，然后再返回到它们的嘴里咀嚼，然后再咽下去，这回食物才会到达真正可以消化的胃里。这个过程被称作"倒嚼"，是反刍动物们为了维持生命而进化出的特技。但是现在人类也采用这种方式来倒嚼自己的惨痛回忆，这可不是什么好事。

　　在深陷反刍式思维当中时，你可能会觉得自己是一个深思熟虑的、深刻的人，这么做能够避免未来再犯错误。你甚至会觉得自己"活该难受"，因为当初就是因为自己能力不足才导致了一个完美计划的失败。

事实上，作为人类，在你倒嚼自己的回忆时，你已经无法再获取任何"营养"了。这种做法除了让自己的心灵再一次受到伤害之外，没有别的用处。你在脑海中重放的那些记忆甚至会偏离事实，你可能只是在"自说自话"而已。

在多年的执教生涯中，马歇尔见过很多取得极大成功的女性始终无法走出自己曾经的失败经历。她们会忍不住一次又一次地回想，然后因为一些本来就不受人为控制的事情责怪自己。他发现，女性的"懊悔用时"比努力提升自己领导力的时间要多得多。

男性就很少自责，他们通常会为自己辩护："好吧，就算是我的错吧，但事情已经这样了，我们现在应该想想怎么去解决问题。"或者他们会直接把责任甩给别人，以此撇清自己。虽然这不是什么值得赞赏的行为，但总比大多数女性习惯于内疚和自责要好一些，因为这不会让你长时间陷入痛苦之中。

因自责而陷入瓶颈

我们要坚决反对反刍式思维，主要原因有两个：第一，你越习惯于自责，你整个人的状态就会越糟糕；第二，它会妨碍你处理问题的能力。

你会觉得一切都越来越糟糕，这是因为一旦反刍式思维占据了主导地位，你的大脑便会留下自责的阴影。时间一长，自责就成了你的思维定式，只要这个世界有一点风吹草动，你就会立刻反省自己是不是做错了什么。"我刚才说了什么?""她会怎么看我?""为什么我是个如此垃圾的人?""我什么时候才能有点长进?""我到底该怎么办?"诸如此类的问句经常会在你的脑海里炸开花。

自责是让一个人陷入绝望的最佳手段,因为心理学家早已证实,长期处于自责状态中的人更容易患抑郁症。自责的确会侵害你的身体健康,摧残你的心灵。这就是为什么我们会说,你越习惯于自责,你整个人的状态就会越糟糕。

另外,反刍式思维会严重阻碍你的执行能力。有调查显示,一个过于自责的人即使想出了解决问题的办法,他也可能仍旧沉浸于自责的状态里,迟迟不敢做出行动。更糟糕的是,大多数被反刍式思维左右的人基本上也想不出什么应对方法,因为他们已经完全被困境裹挟了。

更糟糕的是,反刍式思维会让你误以为自己在做一件很有建设性的事,你觉得反省自己是避免未来犯错的必要行为,这反而给了你继续自责的理由。但事实是,你越是自责自己,你的身体就越难以摆脱这种让你痛苦的习惯。

心理学家苏珊·诺伦-霍克塞玛博士在不幸英年早逝之前,一直是反刍式思维研究领域的领军人物。她指出,女性更容易深陷反刍式思维的困惑之中,因为她们更加看重人与人之间的关系。女性与生俱来的细心或许是一种天赋,但这种天赋也会造成她们在分析"潜台词"上浪费太多时间。"他为什么会这么说?""我是不是做错了什么?""他是不是误会了我的意思?""他是不是对我表示出了不信任,甚至是厌恶?"

上述"分析过度"的话经常会在很多女性的脑海里回响。而由此带来的压力可能会是药物滥用和暴饮暴食的始作俑者。你在大脑中创造了一个地狱，而为了对抗这个地狱，你需要更多的卡路里或者酒精来安慰自己。等到"释放"过后，你又会重新被反刍式思维左右。这样的恶性循环，让过度反省看起来和吸毒成瘾也差不了多少了。

让心解脱

霍克塞玛博士通过大量的研究之后得出结论，分散注意力可能是对抗反刍式思维的最好方式。你不经意间听到或者是你主动询问别人对自己的评价，这可能会让你从自我反省中暂时解脱。

丽萨就是这个方法的受益者，她是萨莉曾有幸结识的一位电影制片人。丽萨早年曾经就职于一家规模不大但十分赚钱的电影公司，起先她很享受自己的工作，并且和公司的首席执行官相处融洽。首席执行官乔伊非常欣赏丽萨从不拖延且不浪费成本的能力，并不苛责于她的才华。几年之后，他们已经相处得和家人一样了。

但当一位新的投资人出现时，情况发生了改变。有了资金之后的乔伊似乎"性情大变"，他雇了一位新的制片人并让他负责更大的项目。这个名叫迈克的新任制片人比丽萨年轻很多，虽然他有过在较大的影视集团工作的经历，但他自己的实际能力似乎并不如履历一般优秀。但他在鼓吹自己的想法时总是信心满满，连乔伊都被他的话打动了，答应给他

资金来落实自己的想法——即使迈克的很多想法仅仅停留在
"想法"上，根本就没有完备的计划。虽然丽萨也能继续获
得资金用来产出自己的作品，但这些低成本投入的作品更多
是被当成维持公司运转的"基础商品"，在乔伊眼里没有任
何亮点。

丽萨终于抓狂了："过去我在公司的地位可以说是一人之
下万人之上，乔伊不管去什么电影节都会带上我，但现在这
个人变成了迈克，仿佛迈克才是乔伊的亲生儿子，我只是一
个地位尴尬的养女。我一直都在反省自己究竟做错了什么？
为什么他开始讨厌我的作品了？为什么他觉得我没有能力进
入好莱坞？我是不是应该再打扮得更好看一些？又或者是要
注意和他的新婚妻子搞好关系？难道我们之间的关系恶化是
因为我和他的前妻走得太近了？"

越是这么想，丽萨的感觉就越糟糕，她整个人都陷入了
无助、孤独和恐惧之中。直到有一天，在结束了一个糟糕的
工作日之后，丽萨在咖啡馆里遇到了乔伊的前妻。那次谈话
得以让丽萨从反刍式思维的恶性循环中解放出来。

她说："我和他的前妻艾达当时都高兴坏了，竟然能有如此
的偶遇，而且那时我发现自己真的挺惦念这位老朋友的。没聊
多久，我就把自己心里那些关于乔伊和迈克的烦恼向她一股脑
地倒了出来。艾达听我说了很长一段时间，然后突然打断我，
对我说了这样一番话。她说：'丽萨，我能听出来，你总想找出
自己到底什么地方做错了，可是你有没有想过，这件事跟你一
点关系都没有，是乔伊自己想要改变。而且他想改变自己的一

切，无论是事业还是家庭，我们离婚就是其中的一项。你不应该再继续自责，而是要想想接下来该如何过好自己的日子。作为他的前妻，这就是我现在正在做的事情，我希望你也一样。"

这次谈话对丽萨的影响很大，她终于意识到自己之前的自责简直太滑稽了，因为乔伊根本就没有针对过自己，所以她及时地遏制住了脑中的"反刍漩涡"。冷静下来之后，丽萨开始重新规划自己的职业生涯。很明显，她还是有选择的权利的。如果继续留在这家公司，她也可以完成自己想完成的事情；她也有能力跳槽，说不定在别的公司她会更受重用。

几个月以后，丽萨做出了辞职的决定。她说："其实离开对我来说也是件痛苦的事情，因为我曾在这里获得过成长，但我也的确到了该离开的时候了。对于曾经获得过的机会，我心怀感激。乔伊的确帮过我很多忙，但现在我也应该另辟一方自己的天地了。就像乔伊的前妻艾达所说的一样，我们都有权利过好自己的生活。"

像男人一样，朝前看

当然，我们更希望在反刍式思维造成更深的影响（比如被大脑固化成一种思维定式）之前，你就可以甩掉它。吉娜是一家媒体公司的首席市场官，也是茱莉·约翰逊曾经培训过的一位学员，她就找到了预先摆脱反刍式思维的好方法。茱莉能够发现这一点，多亏两人曾在一个工作日里恰巧有了可以共进午餐的机会。在吃饭的过程中，茱莉问吉娜对于如何让团队协作得更加顺畅的看法。

没想撞到吉娜给出了这样的回答："你曾经对我说过一句话，我始终记忆犹新，那就是'男人们总会朝前看'。他们也会犯错，但他们才不会在自己的错误里纠结太久。现在当我坐在会议桌前，一看到那些男同事的时候，我的大脑还是会被一些负面的思维方式所左右。比如，我的脑袋里总会冒出一些话：'彼得是不是觉得我的想法很蠢？''我为什么要说出来呢？''我真的配和这些精英们坐在一个会议室里吗？'你瞧，我就像一只躲在洞里的兔子一样，总觉得自己不够好。但当这些负面想法冒出来的时候，我立刻就会跟自己说一句'男人们总是能朝前看，为什么我做不到？'这样说完，我的心情就会放松很多，也会更加自信地应对会议。"

茱莉坦言："吉娜告诉我的这些话让我开心了很久。因为在我心中，反刍式思维真的是女性职业生涯的主要杀手，即便是最有才华、最优秀的职场女性也难免会中招。尤其是当你进入领导层之后，你需要看起来更自信、更果决，而反刍式思维无疑会毁了这一切。你周围那些一直在朝前看的优秀男同事们，也一定会让你觉得相形见绌。"

所以，如果你也中了"反刍式思维"的毒，我们为你提供了一句全新的台词。请跟着我大声重复这句话："哼！奶牛才反刍呢！"

16. 坏习惯十二：总让你的"雷达"干扰你

女人天生有一种很强的能力，那就是她们能在同一时间里注意到好几件事。为了撰写《女性视角：女性在工作中的真正力量》一书，萨莉和茱莉做过很多调查，他们发现很多脑神经科学家用"脑功能磁共振成像"这一技术手段证实了这一点。那些扫描成像图片显示，女性在接受信息时，大脑的很多区域都会同时亮起，这说明她们在同一时间内注意到了很多细节。而男性则完全相反，在接收到新信息时，他们的大脑内部通常只有一块区域亮起。

结果就是女性的注意力简直就像一个高灵敏度的"雷达"，不停地勘测周围的环境，接受一切暗示，分析所有信息背后的潜台词。而男性的注意力则可以被比喻成"激光"，他们会按顺序接受信息，每一次只会牢牢地瞄住单个的目标。

当然了，凡事都有例外，我们不能以偏概全。我们也见过很多"激光"般的女性和"雷达"般的男性。姑且不论性别，一个人的注意力发散形式也会受到具体环境的影响，并不是一成不变的。我们的脑回路具有适应性，通过刻意练习，某些脑回路会得到强化，而如果某个技能一直得不到应用，相关的脑回路就会随之"淡化"。假如你的工作需要较强的数据分析能力，那么随着时间累积，你的脑回路会越来越符合专注的"激光式"。如果你的工作需要较强的人际沟通能力，那么你一定会因为人情练达而变成一个"雷达式"的人。

但不管怎么说，从脑功能磁共振成像的结果来看，雷达式的女人还是要比男人多得多。若究其原因，则可追溯到千百年前的原始社会。那时，男人们主要负责打猎，而女人们主要负责采集。打猎需要明确目标感和坚定的专注力。而能否采集到更多的野菜野果，则需要一个人眼观六路、耳听八方的技能。尤其当一个女人成为母亲之后，注意到孩子的需求并把他们照顾好，这就更需要雷达式的注意力了。

遗憾的是，大多数企业仍然欢迎激光式的工作者，并把"专注到底"看作是一种领导力的标志。这也就解释了为什么很多企业的领导位置曾都被男性牢牢占据。但是雷达式的工作者也是优秀的，他们可以通过细节来判断何时应该鼓励他人，何时应该缓和气氛，从而使得团队协作更加顺畅，所以雷达式的注意力对于职场中的人际沟通来说非常重要。同时，雷达式的注意力还会帮助你建立更亲密的友谊，让你在遭遇挫折时能更快恢复元气。

"雷达"的黑暗面

任何事情都具有两面性，雷达式的注意力也不例外。你会发现，一个优秀的雷达式工作者同时也是最难"静下心"来的人，因为他们的注意力总是太容易被分散了。由于你可以在同一时间接收太多信息，因此你的辨识和区分能力都会被弱化，久而久之，你对工作的自信度就会受到影响。

女人们总是喜欢和自己过不去，这就与她们强大的"雷达"有关系。总是太过在意别人的反应会让你总是反思自己的行为，然后很容易就开始怀疑人生。我们在上一节中探讨了"反刍式思维"，这与女人们雷达式的注意力有难以割舍的联系。尤其是当你带着消极的心态去看待事物时，你可能会被自己的"雷达"逼死。

泰勒是一位成功的执行力教练，她认为雷达式注意力让自己有了非常强的直觉，而这正是自己的学员所需要的。她说："在做一对一的训练时，我会非常自信；但如果是针对一个小组的话，就有些吃力，因为我需要兼顾到很多人的反应，这反而让我自己反应不过来了。"

最近，泰勒的"雷达"又让自己受到了打击。那是一次针对五十位"准学员"的体验课，泰勒是讲师团的成员之一。她做了充足的准备，并且在正式开讲时克服了自己的紧张情绪，挥洒自如。然而刚刚进入状态十几分钟，她的"雷达"就让她陷入了被动境地。

泰勒回忆道："我注意到前排有一个人，他的脸上一直带着怀疑的表情，仿佛坐在这里是一件很难受的事。我一边讲课，一边试图找出令他如此不适的原因，这让我快要抓狂了。紧接着，坐在最后一排的一位女听众不停地向我挥舞双手，仿佛要问我什么问题。虽然还没到提问环节，但我觉得还是有必要解答她一下。没想到她站起来以后，直接告诉我今天这些内容她根本就不想听。似乎有网站在宣传预热时提到我今天会探讨企业内部的培训机制，我也不知道他们为什么要这么说，因为那根本就不是我研究的领域。"

这位女士的直接让泰勒十分惊讶，然后她听到了自己的道歉声，并且还主动问她自己能否做点什么来补救。"所以这位女士开始滔滔不绝地说起公司内部培训机制的问题，越说嗓门越大。我能感觉到在场的所有观众都有点不耐烦了，但她一点也没有停下来的意思。当我重新夺回话语权的时候，时间已经被耽误了不少了。我只能加快语速来赶上进度。当下一位讲师接过我的麦克风时，我觉得自己离休克就差一点了。"

在那次讲课的茶歇期间，泰勒对自己的同事米瑞特诉苦，说自己今天的表现简直糟透了。而同事对她露出了一个同情的微笑，什么都没有说。于是这更加验证了她的想法：自己今天真的很差劲。

第二天一早，泰勒给米瑞特留了一条语音消息，希望有空能和她聊一下。"我主要想问问自己的问题到底出在哪儿，我觉得她会给我真诚的意见。"米瑞特很快答应了她的邀请，并且问泰勒，似乎在那个问问题的女人站起来之前，她看起来就已经有些慌张了，所以她很疑惑，到底发生了什么事？泰勒如实告诉她，先是前排有一个男人愁眉苦脸的样子干扰了他，她一直想找出让这个人如此难受的原因。所以在后来的女人出现之前她就已经很焦虑了，那个女人只是让情况更糟而已。

米瑞特指出了两点问题："首先让我们来说说第一排那个男人。你怎么知道他的愁眉苦脸是针对你的呢？也许他那天早上和自己的老婆吵架了呢？也许他的老婆要跟他闹离婚呢？也许是他病了，或者昨晚喝多了，要不然就是被自己的老板给气着了呢？在你什么都不知道的情况下，为什么要把问题往自己头上揽呢？"

米瑞特接着说了第二点问题："其实你不应该理会那个女人的抱怨，任何企业里都有这种人，好像祥林嫂一样，逮着机会就会吐苦水，而你恰恰给了她这个机会。或许你那天也看出来了，在场所有观众都希望她能停下。"

"你说得对，但是那天的情况你也看见了，我能怎么办呢？"泰勒无奈地问。

米瑞特回答："对付这种人的最好办法就是先道歉，然后马上按原计划继续自己的演讲。千万别再给她搭腔的机会了。你并不是为了取悦她一个人而站在讲台上的，而且作为一个演讲者，控制全场气氛，不让话题偏离主线，这都是你的职责。"

米瑞特的这番话对泰勒帮助很大，她终于明白自己的问题就是太注意现场观众的反应了，以至于连自己演讲的最主要目的是什么都忘了。曾经在执教时令她引以为豪的"雷达功能"，显然不是放诸四海皆准的高招。

"左边栏"

作为一个演讲者，泰勒的问题在于一旦观众席有什么状况发生，她便无法专注于演讲的内容。心理学家克里斯·阿吉里斯（Chris Argyris）指出，泰勒之所以会出现这样的问题，是因为当时她的"左边栏"已经完全战胜了"右边栏"。

这种说法是克里斯·阿吉里斯发明的，他因为分析人类如何分配注意力而闻名遐迩。大脑的左边栏里充满了无序的想法和乱七八糟的观察结果，即使你在做其他事情的时候，它们也会在你的意识中流动。而你的右边栏里装着和当下的谈话或任务有关的信息。

所以一个高度灵敏的雷达会很容易把你的注意力打散，毁掉右边栏里的"正事"。尤其像泰勒一样，如果你在试图传递信息，那么你的左边栏会不断地用一些疑问句来干扰你："我听起来像不像在乱说话？""那个家伙同意我说的话吗？""为什么那个姑娘看起来像是走神了？"

阿吉里斯指出，左边栏在可控的情况下会对你的演讲产生正面作用，因为它会让你注意到现场观众的反应，因此可以根据现场情况来调整内容，将演讲效果发挥到最好。你的"雷达"也会帮助左边栏达到这一目的。但你要小心，一个高度灵敏的"雷达"会让你的左边栏开启"爆炸模式",你会在短时间内一下子注意到很多细节。这些细节会让你偏离自己演讲的既定路线,你甚至会陷入"不知道自己在说什么"的困窘之中。

当这一切发生时,你的左边栏在扮演一个反面角色:它在捣乱,而不是帮忙;它想让你冷场,而不是圆满完成任务;它在拖你的后腿,而不是赐予你力量。

所以,怎么做才可以控制住你的左边栏,让它能够帮上你的忙呢?

如果你说,关掉你的雷达,对一切都视而不见,那就错了。阿吉里斯认为,强行忽略左边栏内的信息会妨碍你成为一名优秀的演讲者。你明明已经察觉出了某种状况却装作没看见,依旧接着背出之前贮备好的演讲稿,这会让你看起像个机器人,看起来很假,而且还会降低你所传递信息的接受度。而且,明明注意到的事却当作没看到,这需要更多的神经细胞参与工作,而这或许就是让你失去平常心,并且会筋疲力尽的原因。

重 塑

让你的左边栏好好为你服务的方式,就是把注意到的事情重新整理一下,编个故事,这就叫作"重塑"。这其实也是米瑞特建议泰勒做的事。

泰勒坦言:"前排的那个男人也许是和自己的老婆吵架了,所以才愁眉苦脸地听我的演讲,这个方法比之前任何人告诉我的都有效。现在的我只要在开会时看到别人脸上的表情不对，我就会告诉自己，这个人一定是遇到什么难事了，要不然就是今天上班路上受了什么气。重塑的方法让我可以不受任何小状况的干扰，轻松地讲出自己演讲的核心内容。"

泰勒在大型的演讲中把重塑力量用得如鱼得水，但她却经常忘记，自己在平日的领导力训练课上其实也可以用这一招。"有一位学员曾跟我说，他不是一个合群的人。我让他说说自己是如何与别人交朋友的，他在陈述的过程中也慢慢了解到自己的评价太过极端，毕竟白色和黑色之间还有灰色这个选项。但是如果我处于紧张的情绪当中，我又会盯着大家的反应不放，忘了重塑这个方法。"

所以还有一个办法可以供你参考，那就是承认你左边栏中信息的重要性，不要编故事，而是想办法让它们进入到右边栏中发挥作用。

哈德利是一家园艺公司的老板，当她所属的园艺师协会想要颁发给她一个"大师奖"时，她就用到了上段中描述的方法。

哈德利说："虽然我的公司的确承接过很多重要的园艺项目，也做出了很好的效果，但我并不觉得自己有资格拿到这个奖项，我觉得很多人的想法一定和我一样。于是，我的脑海中冒出很多工作失误的场景，越想越觉得自己的确不够资格。"

然而她的确需要写一篇态度温和且端正的发言稿，可是脑子的想法和笔下流淌的文字完全不一致，这让她觉得自己是个骗子。这都让她有点惧怕那次表彰会了。

颁奖仪式那天早上，哈德利又读了一遍自己的演讲稿，然后把它扔进了垃圾箱。虽然文笔很好，可是那根本不是自己最想说的话。最终，她决定带着自己的心里话站上讲台，把这次"得奖"带来的自我怀疑和大家都说了。

她是这么说的："我想谈谈自己内心的纠结——我真的觉得自己还不够被称为大师。我不是在故意谦虚，而是对'大师'这个称呼感到敬畏。我不是大师，我只是一个刚刚起步的创业者。如果你总能带着新手的心态对待事物，那么你很少会受到大脑中的'自动驾驶仪'的干扰。我说这些是因为这些年我一直带着新手的心态做我的工作，让自己保持对事物的新鲜感和好奇心，而这让我对工作更有激情了。我的发现也会成为接下来工作的创意和灵感。"

那天的演讲效果非常好，观众们对敢于表达出自己心声的哈德利非常欣赏，而她本人也因为"做自己"而感到坦然。要做到这一点，她必须要停止想象别人对自己的负面评价，然后说出自己所看到的事实。那天，当她讲完最后一个字的时候，全场掌声雷动。

重塑法非常适合发表讲话的时候使用，因为它不会让你浪费太多时间来思考左边栏中的信息，从而让你的演讲更顺畅。它也会让你用轻松、理智的方法来处理那些"小心思"，这样你就不会以极端的方式来评价自己了。

而通过直面左边栏里涌入的碎片，你可以和自己坦诚相对，看到自己"雷达"的"黑暗面"，这反而会让你认清自己，做出更理性的表达。

你要相信，高度灵敏的"雷达"其实也只是多年养成的一个习惯，它不是一种人格缺陷，也不是精神疾病，更不是改变不了的宿命。就像本书中提到的前十一个坏习惯一样，它也可以通过一些技巧来加以改变。

第三部分

改变自己

17. 从小细节开始

现在你已经知道了那些阻碍你的坏习惯，但你或许依然无法割舍，因为它们曾经可是帮了你大忙。但是，习惯决定了你是谁。现在是时候承认你应该舍弃掉那些阻碍你的坏习惯了。你可以先思考一个问题：舍弃掉那些坏习惯，会给你带来多大的好处？

改变到底难在哪儿呢？难在持续。因为这是一件需要你持续花费注意力的事情。你不能只有一股"让我们开始行动吧"的热情，这也许只会让你坚持三分钟。最好的办法是先专注于一个具体的习惯，做一些小的改变，直到你能看到自己的进步之后，再考虑其他项目。不要指望自己能在一瞬间改头换面，你的身体其实更能适应这种"润物细无声"的改变。

最好的例子就是节食减肥。你可以先从不吃碳水化合物开始，几个星期之后，你会很自觉地把曲奇饼干从下午茶的菜单中拿掉。如果你能从这些细小的改变开始做起，并且能长期坚持，你就一定会减肥成功。当你的身体日复一日地适应了改变，你才会变成你真正想要的样子。

然而，假如你制订的计划是从六月一号开始只啃菜叶子，你会很快瘦掉几公斤，但几周之后你也许就"破功"了。当你重新拿起冰淇淋吃个够的时候，你或许会给自己找理由，比如"我已经饿了那么久了，不能稍微放纵一下吗"？不久之后，这种恶性循环便会重复上演。你会彻底变成一个"溜溜球式"的减肥者。你可能不愿意承认，但这就是"改头换面"与"润物细无声"的区别。

溜溜球式的行为很难有成效，因为它只能依靠意念的作用，而意念又是最容易被时间打败的东西。这不是因为你太弱或者太懒，而是我们的大脑天生如此，它不愿意承担压力，不愿做出太多改变。所以我们才要从小细节开始，慢慢地"说服"大脑，让自己慢慢养成一个好习惯。别忘了，你之前的坏习惯不也是这么固定下来的吗？

从细节开始，循序渐进，这或许是改变自己的最好方式。当那些试图养成的习惯变成心智模型，也就是你可以下意识地做出时，你就可以考虑进行下一项了。

打开你的"坏习惯文件夹"

在阅读之前的内容时，你可能会发现，有几种习惯的相似点很多，而有的习惯干脆就是另一个习惯的衍生物。

假如你为坏习惯一"不愿提及自己的贡献"而苦恼，那么你几乎逃不出坏习惯二"期待别人自然而然地注意到你的贡献"。促成这两种坏习惯的信念是相同的，你一定是把埋头苦干、磨炼技能当作人生哲理，你不愿自己被当成一个野心勃勃、上蹿下跳的人。而这些都是"好女孩"该有的想法。

也许你正在纠结，怎样给自己要改变的习惯划分优先级？这的确是件让人头疼的事，因为好多习惯简直可以打包放在一起，就像上段内容描述的那样，它们的根源几乎一致。我们不妨来看看另外几种常见的"打包方式"：

- 如果你受困于坏习惯三"过于看重专业技能的作用"，那么坏习惯六"更注重手头的工作，而不是职业生涯的总体发展"也会戳中你。这两种习惯都是由于你把注意力完全放在了一件事上：如何又快又好地完成眼下的任务。而这件事几乎耗费了你所有的精力，让你没空去想未来的打算。

- 上述两种坏习惯也和坏习惯七"苛求完美"密切相关，因为它们都是来自于把控细节的渴望，而且女性会认为，只要在工作细节上让人挑不出毛病，自己就一定会取得更大的成就。但这很有可能会让人觉得你的眼界不过如此。你或许会干好手头的工作，但也不能指望你有更高层级的领导力。

- 坏习惯九"极力'压缩'自己"和坏习惯十"夹杂太多情感"也应该放在同一个文件夹里，因为这两个习惯的初衷都是希望对方舒服，希望自己处在谦逊的地位。所以你才会先人一步采取退让的姿态，区别只在于是语言还是行动。这些习惯一样会导致你被轻视，丧失领导力。

- 坏习惯十一"反刍式思维"则是坏习惯十二"总让你的'雷达'干扰你"的直接后果。因为你注意到的事情实在是太多了，所以才会在事后一遍又一遍地回想，然后揪住一些消极的细节不放，并不断地鞭笞自己的灵魂。这会让你显得做事毫无章法，或者更严重——无能。

现在，找出属于你的坏习惯文件夹或许已经不是难事了。你将会在接下来的两节中看到删除这些文件夹的建议和详细阐述，但本节的重点是教会你如何开始改掉这些"恶习"。

"打散"这些坏习惯

把这些坏习惯精确地分门别类，也就是把它们打散，这样做有一个好处，那就是你在特定的一段时间里目标感会非常明确。比如我们说过的坏习惯八"总想取悦别人"，还提到了医疗机构的高级行政主管南茜。她就是一个典型的、希望能一直扮演一个对别人有用的角色。她对于"自我形象"自视甚高，所以她不敢拒绝别人的请求，她怕别人对自己失望。这样时间久了，你的底线会变得越来越低。有时连你自己都意识到这个需求不该向你提，可你就是不忍心拒绝。

如果你也深陷于类似的问题，改变的第一步是什么呢？你也许会说，从学会拒绝那些不该自己负责的事情开始。但你要知道，你之前扮演的老好人角色已然深入人心，而你突然"性情大变",成了一个铁面无私的人,这和我们之前说到的减肥从啃菜叶开始有什么区别呢?所以与其性情大变,不如先想想这个需求与提需求的人之间有着怎样的关系。

想想米兰达,那位国际法律公司的高级顾问,在自己的工作量已经爆表的时刻,还在因为公司人事部门的一些无关的需求而焦头烂额。她很快意识到这样下去是个问题,但她又不想让公司的人失望。"我就是这样的人",米兰达坦言道,"不管谁需要我做什么事情,只要被需要,我就不忍心拒绝,即使有些需求真的会要了我的命。"

当她鼓起勇气跟同事说出了自己的实际情况之后,却得到了自己被需要的原因只是"像是什么工作都会接下来的人"。米兰达曾如此竭尽全力地取悦她的同事,完全不顾自己的利益,而这件事让她看清了现实,学会了拒绝。

而这个案例足以供所有取悦者参考。

渴望促成改变

米兰达为什么能迅速地采取行动,促使自己改变呢?因为她察觉到取悦者的形象绝对会阻碍自己在公司甚至在司法界的发展。这就戳中了她的痛点,因为她从小的梦想就是成为一名正式的辩护律师。当她明确意识到自己的渴望的时候,太好说话的弱点就显得如此扎眼。所以,不管这个习惯曾经给米兰达带来过何种好处,只要它阻碍了自己的未来,那就要坚决铲除。

米兰达的故事告诉我们,人生有一个明确的目标有多么重要。因为在需要改变的时候，目标绝对是点燃你的一把火。与此相反，我们曾在第十一节中提到过的"完美主义者"薇拉，她就完全没有这种动力，因为她根本就没有搞清楚自己想要的是什么。这种对于细节的苛求在过去一定对工作成果产生过良性影响，所以即使现在她知道自己的领导力教练和同事都在反馈这个问题，她也难以改变。因为追求完美已经盖住了一切职业生涯规划，成了她的人生目标。一旦放弃"完美主义者"的人设，她或许会寸步难行。

就像我们在书中提到的很多坏习惯一样，除了对完美的苛求，还有过于看中专业价值、习惯性取悦别人等习惯，都会蒙住你的双眼，让你看不见自己更远大的职业理想。这就是为什么我们希望你树立一个明确的目标，不断提醒自己，把它变成职业生涯的"第一性原理"，这对你改掉任何坏习惯都有莫大的好处。

所以，怎样才能明确自己的目标呢？

你要仔细地思考，到底什么对你来说才是最重要的事。不是单单完成工作计划，而是能让你咬牙完成工作计划的真正动力。

你当然可以把这个动力具体化，比如你想在未来成为一个大型国际机构的领导者，你想成为公司的年度最佳员工，你想立足于国家机关，你想成为企业在该地区的一把手……

你也可以让这个动力看起来很宽泛。马歇尔在谈起自己的工作目标时曾说过，他想让领导者们以积极的心态做出有价值的改变。萨莉则说，她想让女性看到自己身上的光芒，自信地穿行于世间。

当你明确了自己的目标之后，你一定会忍不住与别人分享。日复一日，你会适应这种感觉：把实现理想当成理所当然的事。并且你一定会付出行动，然后不断地提升自己。

萨莉意识到目标明确的好处，是因为认识了董崂，那位我们在第六节提到过的伦敦女权基金会执行董事。在那次年度峰会上，董崂向参会的 600 余位精英女性强烈建议，一定要为自己准备一段可以在电梯间里用上的"即兴演讲"，这会让你更加明确自己的工作动力。

还记得吗？他也是曾经在去总部开会时，在电梯里遇到了一个小伙子和他上司之间的对话，才获得了这样的灵感。那位年轻人的即兴演讲如此简洁、明确，一看就是准备了很久，又终于等到了派上用场的这一天。那段演讲的潜台词如此清晰："这就是我现在正在做的事！这就是我未来的职业理想！你一定要记住我！"

目标明确了，眼下的当务之急也会格外明确。也就是说，你的目标会让你把需要改变的习惯划分优先级。因为对于实现目标的渴望会让你清楚地看到什么是对你有利的事，什么不是。

假如你的目标是成为自己公司的全球品牌推广大使，你一定会想赶紧改变"不愿提及自己的贡献"这一坏习惯。如果你连自己的优点都不愿意说，谁还敢指望你说出公司品牌的优点呢？

如果你的目标是进入公司的高管层，那么你一定会想赶紧改变"过于看重专业技能"的坏习惯，因为这一习惯会让你永远停留在监督别人工作细节的岗位上。

如果你想成为一个大男子主义精神弥漫的企业的第一位女性首席工程师，你一定想"在上任第一天就与下属建立联盟"。因为你必须得知道这帮家伙的工作需求到底是什么，然后让他们见识见识你的"厉害"。

如果你想让自己的潜能和价值完全被公司认可，那你一定会急需改掉"极力压缩自己"的坏习惯。因为当你总是谨小慎微地采取"我只是……""我仅仅""我不确定，应该是……"这样的口吻说话时，别人一定会认为你没有底气，不能让你进入更高一层。

现在明白了吧？当你真的知道自己想要什么的时候，划分优先级的问题便能迎刃而解。

当你期待地搓搓手，开始行动之前，请牢记那句谚语："完美是进步的敌人。"不要死抠细节，不要苛求完美，不要让自己花费太多时间"画工程图"……先上路再说！

18. "独改不如众改"

改变一个习惯很难，但是想要一个人改掉一个习惯更是难上加难。因为作为人类，我们的大脑中天生就有一个"内置健忘器"（built-in forgetter）。一旦遭遇类似的情境，我们很容易会忘了理想，屈服于现实。

这就和我们在前文中提到的"自动驾驶仪"类似，你有时候意识不到自己做了什么，只是不假思索地做了而已，因为那已经是下意识的习惯了。你此时可能会反思：自己又做错了，下回绝对不再犯了。可真遇到恐惧、紧张、压力等情绪……或者仅仅是让你加了个班，你都会再一次"破功"，躲回自己的安全区。

"自动驾驶仪"会让我们觉得做事很有效率——很多情况下的确如此。试想一下，如果做出任何行为之前你都要认真思考，那你可能什么事情都做不成了；如果每次迈步之前你都要思考脚应该往哪儿落，那你将寸步难行。在做出某个已经重复过多次的行为时，"自动驾驶仪"的作用发挥得更明显，这也就让改变某个习惯变得更加困难重重。

这就是为什么找一个教练来训练你是一件很有用的事，教练就是"自动驾驶仪"的对抗者，他们会不停地提醒你，你现在要努力做出改变。在改掉那些阻碍你的坏习惯的过程中，教练也会是一个很贴心的伙伴，他们会让你以更加积极的心态走过这段时光。本书中提到的很多女性，都因为在领导力训练中得到了有价值的反馈而受益，因为这才是明确阻碍所在，不断突破自己的固有思维，并且能够养成新的好习惯的有效方式。

有人会问，请不起教练怎么办呢？毕竟专属的私人领导力教练费用很高，有名的、优秀的教练要价就更高了。你的公司或许只会为某几位高管请教练，如果你没有进入对应的级别，就根本没法指望。

但是你可以叫上一个小伙伴，这个人可以是你的同事、朋友，甚至是你的下属，让他和你一起走上"蜕变之路"。你可以先从求助于你信任的人开始，告诉他你接下来一定要改变哪个坏习惯。拉上一个同伴，会让你的"内置健忘器"失灵，让你的"自动驾驶仪"难以发挥作用，也会让你不好意思为自己的松懈找借口。

同伴的价值

假如你想改变原来那个总是自我压缩的自己，并且想从不再习惯性地道歉开始，你可以对想要结伴的同事如此说：

"沙伦，真希望你可以帮帮我。我想成为一个能够有效沟通的人，但是我却总是习惯性地道歉，有时我根本什么都没做错，但就是改不了口！有时我会在说出'对不起'三个字之前就让自己停下，可是大多数时候我还是控制不住自己。我们在一起工作的时间还挺多的，所以在接下来的一个月里，如果你听见我又为不相干的事情道歉，能不能麻烦你提醒我一下？有其他人在的时候，你可以跟我点个头或者使眼色，这样我就能明白自己又犯错了。我真的很想改掉这个毛病。"

再举个例子，如果你想让领导多注意到你的贡献，你该怎么做呢？也许你和我们在第二节中提到的软件技术工程师埃伦一样，明明做出了很多成绩，却在年会上被老板怀疑为消极怠工。并且你事后也明白了问题出在哪儿，因为你根本没让老板知道你都做了些什么，你一直都在埋头苦干。所以，你也可以让一个每周跟你一起开例会的同事成为你的同伴。

你或许可以这样求助他：

"吉姆，我们几乎每次参加杰克的周例会都坐在一块儿，所以你能不能帮我个忙？我回顾了我上个月的工作表现，发现自己忽略了一件事，那就是杰克根本就不知道我在新产品的推广上做了多大的贡献。我决定不再当个如此被动的人，以后的会议里，我要抓住机会让老板看见我的价值。所以你能帮我看看吗，在接下来的几周里，是不是有这样的机会？对于你的提醒，我将不胜感激。"

有同事成为你的同伴，监督你的改变，这不仅会让新的习惯被加速养成，还会帮你在职场中建立更强的人脉关系。

谁不愿知道同事对于工作的见解？谁不想成为一个值得信任和托付的人？尤其是自己的意见和反馈对你举足轻重的时候。让同事参与你的蜕变之路，也会给他们带来参与感和价值感，同时敢于接受批评的你在他们眼中看起来是如此的自信和从容，他们会认为你对工作的态度真是认真。而且，你甚至会带动其他有类似问题的人和你一起改变，独改不如众改，你可能会在不知不觉间提升整个团队的工作效率。

当然了，求助别人的过程或许会让你联想到"示弱"一词，这会让你非常尴尬。毕竟职场如战场，我们还是当个情绪稳定的员工，不要因为缺点而被太多人质疑，这样才比较安全。因此我们根据以往的经验，整理了几点小窍门，可以给寻找同伴的你作为参考。

1）选择对象需谨慎。你该找一个什么样的同盟者呢？除了值得信任这一条件外，你还要注意，他过去是不是一直表现不错？他是不是一个态度积极的人？因为你需要得到这个人的及时反馈，所以他一定要是能经常见到你的人，不管是开会时还是团队协作中。

2）细化你的问题。如果你没有给出具体的问题，你就很难得到有效的反馈。比如你问你的同伴"我的工作表现怎么样"这样宽泛的问题，会让对方摸不着头脑。你应该根据自己最想改变的问题，给出对方明确的关注点，比如习惯性道歉、夹杂太多情感、惯于取悦别人、不愿谈及自己的贡献……不管是什么都行，但一定要具体。

3）简洁明了。即使同伴愿意帮助你，你也应该珍惜对方的时间，所以你的交代必须简明扼要。你一定要避免交代太多背景信息或长篇大论地加以介绍，还有不要把一件事重复很多遍。所以在向同伴提需求之前，你应该好好组织自己的语言，想想如何能提出最关键的问题。

4）寻找同伴，而不是暴露弱点。不要过度解释你为何要改掉这个习惯，也不要跟别人剖析自己有这种习惯的内因，这对他们来说真的不重要。一定要记住，你是为了寻找一个能帮助你拿掉障碍的同伴，而不是找一个人来同情你。

5）设置明确的时限。千万别让别人帮一个没完没了的忙！你要跟你的同伴提前说好，观察和提示到什么时间为止。比如到某个会议之前，或者在接下来的几周之内，等等。

虽然说了这么多，但如何寻找同伴真的不如你的实际行动重要。在得到他们如实的反馈后，你应该如何表现？你可千万别表现出什么抵触情绪，这会让你的同伴后悔帮了你。

你最好提前有个心理准备，有的话可能会很难听。虽然你的本意是为了改变，也是你主动为自己找了一个同伴，但当一个同事或者朋友以"咱们来谈谈你的表现"作为开场白的时候，你可能只是表面上欣然接受，而暗地里一定咬紧了牙关，不让自己发飙……不不不，这一定不是你。

不管对你多有帮助，主动给出的反馈听起来仍然像是批评，所以很多人会对别人突如其来的评价产生抵触情绪。但主动要求而来的反馈多少会有些不一样，它会让你的小情绪没有那么强烈，也不会因此陷入自怨自艾。

你应该优雅地回应同伴的反馈，并且把关注点放在如何能让自己进步的要素上。为了让反馈在改变自己的过程中发挥价值，马歇尔在执教生涯中总结出了接受反馈时的四个步骤：倾听，感谢，跟进，宣传。

倾　听

　　倾听是接受反馈的第一步，所以你一定想知道怎样才算是好好倾听。你也许会反驳："这还用你教我？我是有耳朵的人类，我当然能听见别人说话了。"但是真正的倾听需要自律及专注，并且要有一颗谦虚的心。

　　当与人聊天聊得火热时，你可能会忘了，听和说是两种完全不同的行为——你不能在一边说的同时还能做到倾听对方。当你在脑中"排练"如何接过话茬儿时，你一样听不见对方在说什么。

　　上述情况在你的日常沟通中屡见不鲜，而你依然认为自己是一个好的倾听者。不是的，因为你的大脑或许完全被自己的那些想法填满了。即使你想听懂别人到底在说什么，你也会因为大脑被填得太满而错过重点。

　　还有另外一个问题：那些你正在聆听的人，很有可能从你的身体语言中判断出来你根本没有认真听。即使你觉得自己显露出了认真的样子，比如不时地点头，随声附和一两句，但敷衍就是敷衍，一定能被人看出来。

　　我们曾在第十三节中提到过，连你的宠物和小孩都能察觉到你是不是走神了，更别说我们这些老练的成年人了。科学家甚至发明了一种可以检测一个人是否在走神的探测器，所以你还会觉得自己真的是一名优秀的倾听者吗？

弗朗西丝·赫塞尔本绝对是倾听者的楷模，她把聆听变成了一种艺术。如果你和弗朗西丝有过交谈，你会发现她能如此从容不迫地从你的话中摘取关键信息，而且很少受到外物的干扰。她说，聆听必须分成两步：第一步是认真听，第二步才是回答；二者绝对不能同时进行。

弗朗西丝也谈到了已故的彼得·德鲁克，他既是自己的领导力教练和朋友，同时也是自己见过的最会倾听的人。每个跟他共事过的人都会钦佩他"听话"的艺术。他是一个要真正听完、听懂别人说什么之后才会开口的人。在开会的时候，他会让别人先说话，自己最后发言。"彼得永远是最后开口的人。"弗兰西斯说道。他需要汇总别人的信息，并且会经过思考之后再做出回应。

能这样做的领导真的不多了。

我们在很多情况下都会看到完全相反的状况，一些高层领导者为了显示自己的领导力，一定会做最先发言的人，并且还会经常打断别人的话。他们似乎在传递这样的信息："我比你重要，所以我要先说话。我说的东西也比你的重要，所以我可以打断你。"

当然，领导有权利这么做，但是结果呢？一旦领导先开口，在场的所有人在之后就会鸦雀无声——没人想"以下犯上"。但是谁又能保证自己想说的话真的不重要呢？这就是很多会议冗长无趣的原因，因为它们只是又一次确认了领导者一直以来秉承的信念。然而让员工先发言的领导会有更多机会获得新想法、新创意，他们会从不同的角度得到灵感。

现在让我们把话题回到倾听同伴的反馈上，在倾听他们对你提出的意见时，你一定要用心聆听，这就意味着你的耳朵要打开，但嘴巴全程紧闭。记住，你是在请求别人给你提意见，因此不要在这个时候为自己辩解。即使你觉得很受伤、被误会，或者觉得对方偏离了重点，不管怎么样，你都应该认真听完同伴说的每一个字。

感　谢

在别人说完之后，你该做什么呢？你不应该反驳，也不应该再度确认，更无须向对方汇报自己的改变计划，你只需要说一句"谢谢你"。

在你寻求进步的时候，养成感谢别人的习惯，这是最有效的方式。就像倾听一样，感谢别人也是人生任何阶段都需要的素养，因为一句"谢谢"几乎可以适用于所有场合。

- "谢谢"可以是一次艰难谈话的结束语。
- "谢谢"可以终结冤冤相报的恶性循环。
- "谢谢"可以让人消除敌意。即使是一个人在防御系数最高的时候，一句"谢谢"也可以让他放下防备。
- "谢谢"能让对方觉得心情愉悦，所以感谢可以让这个世界更美好。
- "谢谢"能够显示你的谦逊之心，表现出你尊重对方。
- 没人会对感谢之词心生愤怒。

马歇尔建议，在感谢别人的时候一定要发自肺腑。要做一个心怀感激的人，时刻发现值得感激的事，并且用心去表达谢意。

马歇尔这么做，是因为几年前他真的体会过感激的力量。那次他乘机从圣芭芭拉飞往旧金山，飞行过程中，机组人员告诉乘客，飞机的起落架发生了故障，需要大家做好应急逃生准备。

在惊慌失措之时，马歇尔脑中闪过一个问题：自己这辈子最后悔的事情是什么？答案很快就冒出来了，那就是他从来没有认真感谢过那些帮过他的人。他在心中暗暗发誓，如果这回自己能逃过一劫，就一定要亲自向那些人表示感谢。

飞机后来安全着陆了。马歇尔到了酒店，放下包就开始列名单，并逐一写下感谢信。感谢名单上的很多人已经失联多年，甚至他在这些年里从没想起过他们。所幸的是，收到感谢信的人都觉得非常开心，这也让马歇尔本人深感欣慰。从那以后，马歇尔告诉自己一定不要错过感谢别人的机会，同时也要不断培养自己的感恩之心。他在执教中也会鼓励学员这么做。当然，只是鼓励，这并没有被列为常规授课内容。

跟　进

马歇尔和自己的同事霍华德·摩根曾做过一项调查，该调查针对八家全球知名企业中接受了领导力培训的学员，调查目的是弄清楚那些能够一直做出积极改变的人都有哪些共同特征。这项调查分别在北美洲、南美洲、欧洲和亚洲展开，且调查结果惊人的一致。那就是能成功改变的人往往一直有同伴和他共同跟进改变的结果，而那些改变失败的人则没有。所以你也能看出来，跟进是多么重要。

什么叫作跟进？那就是一旦你找到了自己的同伴，你就不能跟他断了联系，你要阶段性地询问对方的看法和意见，并把收到的意见发挥到实践中去。

想要弄明白跟进，我们不妨回到之前提到的一个坏习惯：不愿提及自己的贡献。你已经让同事吉姆观察你数周，并且希望从他那里得到真诚的反馈。吉姆对你说，他发现你总是在汇报工作时回避自己的功劳。比如上一次开会，老板问你客户拓展的情况，这本是一个机会，但你说了团队里所有人做出的努力，唯独没有提到你自己。

你认真听完了吉姆所说的话，你没有打断，也没有为自己辩解什么，只是感谢他给你的这些反馈。在下次开会时，你同样被问到工作进展。你想起了吉姆曾对你说过的话，然后一字不落地把自己的工作成果进行了汇报。接着，你提到了自己团队成员的贡献，只是如实汇报，毫无抬高他人来贬低自己的举动。

当你做完这些之后，你就完成了一次跟进。你可以再次询问吉姆，对自己在会议上的进步有什么看法。既然他是知道你"不愿谈及自己的贡献"的坏习惯的人，那为什么不让他看到你做出的努力和改变呢？为什么不把他当成一个监督你持续进步的人呢？你无须讲述自己大段的心路历程和接下来的具体计划，只需让对方知道你的确在按照他的意见执行，并且需要他继续给出意见，督促自己进步。这就是跟进的过程。

宣　传

现在，我们终于来到了接受反馈的第四步：通过宣传，扩大你的"联盟圈"，让更多人督促并见证你的改变。这也是马歇尔建议自己的学员要做的事情。到了这一步，你应该让更多人知道你在改变那个阻碍你前进的坏习惯，并且要让他们看到你的努力。

请注意，这是一件非常有意义的事情，因为一个人对另一个人的印象是很难改变的。假如别人已经认定了你是一个很能干却不愿论自己功劳的人，你偶尔为自己说了一次，这也不会改变别人的看法；假如别人觉得你是个长篇大论的人，那么偶尔的简明扼要也对于改变形象无益；假如别人认为你是个只顾埋头苦干、话很少的人，那么别人也不会因为某次偶然就转变观念。

如果你真的想让别人注意到你要改变自己的决心，你就必须把握住每次机会，每一个工作日都是你训练自己并让大家看到你有所进步的舞台。你完全可以把自己想象成一个面临大选的政客，让别人看到你的决心对你的进步没有坏处。

还记得我们在第六节中提到过的莫琳吗？那位说尽了自

己同伴功劳并希望对方也能为自己说话的高级律师，最后却大失所望。当她被自己的领导提醒，为自己和公司做宣传本应是她的责任之一时，莫琳终于下决心改变了。所以她现在会和公司里的同事分享自己的决心，而且希望别人看到自己的进步。

她说："一开始，我觉得为自己表功这件事真的很尴尬。但我已经开始告诉大家我要改变了，并且向大家征求了意见：怎样做才能增进合作关系的建立。我为此经常会问大家'刚才我表现得怎么样？'之类的话。"

或许这次改变在一开始的确给莫琳带来了不小的负担，但她的确开始转变角色了，成了一个敢于谈及自己抱负的人。莫琳自己也相信，这种转变在下一次寻找合作伙伴时绝对会有所帮助。

"同辈教练"的力量

如果你真的想更快改变，找一个"同辈教练"（peer coach）或许是不错的选择。我们曾向学员建议过这个方法，并且我们自己都在用它来提升自己。

同辈教练的核心与之前所说的寻找一个同伴类似，但这次要更加正式，因为你们俩是相互督促、共同进步的关系，还要定期地互相汇报改变的进展和下一步的具体计划，与寻找同伴相比，这是互惠互利的事情。

首先，你们要确认自己亟待改变的坏习惯，然后给自己制订明确的执行方案，然后你们要确定一个确切的时间来相互汇报。

当马歇尔发现这个好方法的时候，他同时也列出了几条选择同辈教练的标准。

---

1. 的确有时间定期汇报，这种监督工作对他来说不是一个负担。并且你也是如此。
2. 能够诚心诚意地督促你的改变，并且希望看到你的进步。你对他的希望也一样。
3. 能够专注于你要改掉的坏习惯，并且能持续地给出反馈。你也要做到同样的事情。

差不多就是这样。虽然不能指望一个同辈教练让你一夜改变，但如果你真的找了一位负责的同辈教练，你就会在一定时间内得到更有效率的提升。你将会为变得更好而做出努力，因为同辈教练几乎每天都在你身边。他就是你脑中那个"内置健忘器"的抵抗者。

马歇尔的同辈教练名叫吉姆·摩尔，他是马歇尔多年的同事和朋友。因为经常会在全球各地出差，面谈比较麻烦，所以那段时间马歇尔每晚都会打一通电话，让吉姆问自己之前制定好的"问题清单"上的问题。

当吉姆不再是自己的同辈教练之后，马歇尔也曾做过别人的同辈教练。虽然人换了，但他之前使用的问题清单依旧有效，因为它主要与生活方式和健康有关，而这几乎是所有人都关注的东西。现在就告诉你清单上的这12个问题吧！

1. 你今天走了多少路？

2. 做了多少个俯卧撑？

3. 做了多少个仰卧起坐？

4. 你今天吃高脂肪的食物了吗？

5. 今天喝酒了吗？

6. 过去 24 小时里睡眠占几个小时？

7. 你有多长时间花在上网或者看电视上了呢？

8. 今天写作了吗？写了多久？

9. 你今天有没有说点什么来夸赞琳达（马歇尔的妻子）？

10. 你今天有没有说点什么来夸赞凯丽和布莱恩（马歇尔的孩子）？

11. 今天你有没有为自己的错误申辩过？如果有，申辩了几次？

12. 你今天在无法控制或者无关紧要的事情上纠结了几分钟？

　　问这些问题对于马歇尔来说实在是太有用了。因为经常出差是他工作的一部分，所以保持健康以及与家人保持亲密关系格外重要。这个问题清单的价值还在于提问的方式，通常问题都和"多少"有关，这意味着你的回答要量化到具体数字，而不是笼统地回答一下就能了事。

　　萨莉的同辈教练名叫伊丽莎白·贝利，她们作为彼此的同辈教练长达 8 年之久。伊丽莎白是萨莉认识了很久的一位作家朋友，并且在这些年相互做同辈教练的时光里，她们都取得了巨大的进步，可以说是完全改变了自己的生活。

萨莉和伊丽莎白也用电话来联络，并且每过几个月就会调整自己的问题清单，用来对应新的变化。她们会针对主题来设定五六个问题，如果没有取得明显进步，那么问题将不会有变动。直到真的有所进步，她们才会替换新的问题。

这些问题真的很有针对性，它们通常与职业理想和日常工作有关，当然也会涉及个人成长的问题。她们把彼此当成回音壁，这样就有了改进问题的参考意见。所以有时她们会破坏马歇尔曾经提示过的"对待别人的反馈只说谢谢就好"的那条原则，她们会直接向对方吼出自己的意见："你下个月能不能别当个追求完美的人了？"

这里有一份萨莉多年前用过的问题清单，那段时间的主题是"如何成为一个更受关注的演讲者和作家"。 这的确是萨莉曾纠结过的问题，因为她也是那种只顾埋头苦干的人，但她的确为改变做出了努力。

2016.10—2016.12 主题：获取更多关注度

1. 我今天更新自己的个人网站了吗？

2. 我今天有没有登录领英（Linkedin），或者发一条推特？

3. 我有没有让学员们知道我下一步的计划？

4. 我演讲的主题是否正确？

5. 我今天有没有出去走走？

6. 我今天是否心怀感激？

这张清单萨莉用了数月，以此循序渐进地"逼迫"自己进步，并且还会根据具体状况在清单中加入与主题相关的其他问题。伊丽莎白也采用了这张清单，当她们彼此评价的结果是的确有所进步之后，才会接受其他挑战。

伊丽莎白和萨莉十分感谢这种同辈教练的方法，这可能是改变自己那些恶习最有效也最有趣的方式了。所以，如果你也是一个想要积极改变自己的人，不如尝试这个方法。因为这是"独改不如众改"的最佳范例。

19. "放过"自己

看到现在，你已经明确自己需要改掉的坏习惯是什么了，你也很清楚自己该如何开始改变了；或许你已经有了明确的同伴，或者干脆想找一个同辈教练来互帮互助；更棒的是，你已经把具体的执行方案制订出来了。

你也应该做好心理准备，因为改变一个习惯真的很难，谁都听过"进两步，退一步"的谚语。但我们相信你已经成竹在胸，因为巨大的突破正在前方等着你。或许你想给自己的女儿当个榜样，或许你有更加远大的目标：这世界上每多一名成功女性，世界就会多一分美好。

所以你应该当心哪些问题呢？到底是什么会成为你的难关呢？从我们以往的经验来看，最可能出现的"绊子"就是自我苛责。也许你会因为没有达到预期而苛责自己；也许你会对自己是否应该改变而心存疑虑；也许你嫌自己的进度实在是太慢了，完全不符合设想；或许你会觉得现在才改变真的太迟了，一切都追悔莫及。

逮住一件小事就批评自己，这就是自我苛责。

与男性相比，自我苛责对女性来说更是个威胁，因为她们总是不愿意放过自己，总是想对自己再狠一点。这绝对是个普遍现象，对于女性领导者超过 60 年的研究成果可以向我们证实这一点。

　　女性在改变自己这方面绝对有优势，因为她们更容易接受别人对自己的意见，从来不会骄傲自大，也没有太强的防御力。我们很少会听到一个职场女性说："我真正的问题就是我的同事们从来不会欣赏我的工作能力，因为他们都是混蛋。"或者"如果每个人都能按照我说的来做，结果绝对不会这么糟。"

　　女性对于缺点的过分关注会让她们更容易接受别人的批评，并且她们会更勤快地改变那些阻碍自己的坏习惯。这是个优点，但同时也是个缺点。因为这会让女性更容易揪住自己的缺点不放。

　　自我苛责会阻碍你的蜕变之路（参照坏习惯十一：反刍式思维），因为你的眼光还是只放在过去，而不是面向未来。而且自我苛责会让你经常陷入沮丧的情绪，无法乐观地面对问题。这就是为什么"原谅与自我原谅"是我们认为的女性必修课。

　　自我原谅始于破除"非此即彼"的极端思维方式。比如一个人不是好人就一定是坏蛋，不是天使就一定是恶魔，不完美就一定该被毁灭。这种没有中间选项的思维方式很容易让你总往坏的一面想。这其实是一种很不成熟的思维方式，试着回想一下自己的青少年时期，或者看看周围的青春期少男少女，他们一定会用这种"非黑即白"的方式来评价这个世界。

极端思维方式的根源在于缺少对自己的包容力，表现在自己身上，就是不放过自己、苛责自己。

如果你也有这种倾向，请一定时刻提醒自己，这个世界上没有完美的人、事、物。我们每一个人都是亟待升级的产品，而且这种升级会贯穿我们一生。当你接受了这一点，你才会放过自己，以宽容的心态面对改变。对于长远的、积极的进步来说，这也是最正确的心态。

前 馈

好了，我想你已经明白放过自己的重要性了。但是如何做才能放过自己，放下苛责呢？尤其是当这种习惯已经成为你的心智模型的时候？

对于这个问题，马歇尔有一个应用过多年的好办法，叫作"前馈"。 或许你对这个名词感到陌生，但是对于它的内涵你一定已经熟悉了。我们在前一节中提到过的询问、聆听、感谢等步骤一样可以运用在前馈上。

但我们为什么会说前馈是摆脱自我苛责的最好方式呢？为何前馈与一般情况下的反馈不一样呢？原因就在于前馈只着眼于未来。在获取前馈时，你不需要找到一个监督你的同伴，也不需要受到"批评"，你只需要接受几个对你未来有帮助的建设性意见。

举个例子，比如你想改掉自己注意力不集中的坏毛病。

你注意到事情一多，自己的脑子就点不够用了，你注意到很多工作计划可能是相互冲突的。也许你注意到自己会出现这样的问题，是因为中了"更注重手头的工作，而不是职业生涯的总体发展"（坏习惯六）的招，因为你总是如此在意细节，导致你没有精力再去做长远的规划。或者你也意识到，太过在意别人感受的自己完全符合坏习惯八：总想取悦别人。或者你会认为，如果自己能够不受干扰、更加专心，自己的发言就能更为简明扼要，然后你又把注意力放在了坏习惯十上：夹杂太多情感。注意力不够集中有很多原因，也会带来很多问题，所以它可能是一个解决复杂问题的良好切入点。

也许你也听过这样的话："我经常觉得注意力无法集中，因为事情实在太多了。所以我会把想要做的事情提前列一个清单，然后逐个击破。你也来试试，如何？"

当你在向别人征求反馈意见时，你能做的事情只有倾听。最后除了一句谢谢，不要给出任何评论。不要反对，也不要赞赏。像是"真是个好主意，我明天就开始尝试！"或者"你说的那些对我都没用，因为……"这样的话，你最好提也不要提。记住，你只是在征求意见而已。

而前馈有一个好处，在征求意见的人选上，你无须纠结太多。你不需要一个可以观察你的行为并找出漏洞的人，也不需要一个能够监督你做出改进的同辈教练。因为你无须向对方暴露问题或弱点，所以不用非得找一个十分值得信任且对你的事情十分上心的人才行。其实，你所做的一切只是征求意见而已。

而且对待前馈，你不需要过于严谨。在人选上，范围可以尽可能广泛，这样会让你获得更多、更广泛的前馈建议。为什么我们说越多越好呢？因为这样给你提供了更多的选择空间，而不是让你每条都遵循。在征得前馈的同时，你也在告诉大家你正在做怎样的改变，以及将要取得怎样的进步。所以这是一个宣传自己的好方式，有更多的人会看到你的进步。

最后一个好处，前馈比传统形式的反馈更加"温和"。就像前文中的劝说那样，我们希望你在听取反馈时保持好的心态，千万不要与人发生口角。因为听见别人说"我能给你提点意见吗"的时候，你的自我防御机制会本能地开启。但是前馈不会引起你的这种情绪，因为它们都是在未来可能帮到你的方法，而且用不用的选择权在你自己手里。

所以，如果你也是一个很容易陷入自我苛责中的人，那么不妨试试前馈这个方法，没准儿它是能让你"放过自己"的妙招。

"哦，好吧。"

另一个放过自己的方法有些好笑，但的确简单实用。那就是要学会说一句话："哦，好吧。"你可以说："哦，好吧。我搞砸了。""哦，好吧。人无完人。""哦，好吧。看来有人没理解我的意思。"

一句简简单单的"哦，好吧"足以让你放过自己。因为说这句话时，你承认了自己也是人，而是人都会犯错。所以不要再用"天啊！我怎么搞的？我怎么能那么说话呢？他得怎么看我？我真是个糊涂蛋！为什么我一点都不长记性呢？"这样一系列的责备来炮轰自己了。

说出"哦，好吧"也是你准备好向前一步的象征，因为你不会再沉湎于追悔莫及的事情，而是承认自己已经犯错，并且把目光放在了接下来怎么做上面。

萨莉在写这本书的过程中，也从马歇尔那里学会了这句"哦，好吧"。这可不是马歇尔在职场中应对工作的技巧，而是他在生活中的习惯了。

在与马歇尔的接触中，萨莉不止一次听到这句话从马歇尔嘴里蹦出来。"哦，好吧。我本来能接到的，但是碰巧电话不在手边。""哦，好吧。我忘了那个人叫什么名字了。"这句话其实给萨莉带来了很大的帮助，因为她也是一个忙碌的职场人，也会犯这些常见的错误，但她曾是那种容易自我苛责的人。

除了放过当下的自己，萨莉也打算用这句话来放过从前犯错的自己。"为什么上次我没问问客户女儿的婚礼办得怎么样？过去四年当中她可是一直在筹划这件事啊！""为什么上次我会把一个宣传部的同事错当成人事部的同事，还跟她聊了半天？""上次演讲恰巧是旅行刚回来的时候，我筋疲力尽，一定表现得很差吧？""为什么我会搞砸那件事呢？我为什么这么差劲？"

这是一个相对漫长的过程。过了很久，萨莉在一个清晨突然恍然大悟：诸如此类的自责，完全可以说一句"哦，好吧"之后就让它随风而散。

那天早上 7 点不到，萨莉就收到了一封来自编辑的邮件。萨莉给那本杂志写了一篇采访稿，并于前一天夜里发表在官网上。然而刚发表了不到 5 分钟，受访的主人公就发邮件告诉编辑，萨莉把他的出生地搞错了。

萨莉的第一反应当然是陷入自责："我已经写了这么多年的东西了，怎么还会犯这种低级错误？""我会不会失去杂志社的信任？这位主人公会不会觉得我太业余了？""天啊！我死定了！"

但纠结了不到 1 分钟，萨莉的脑海中突然冒出了这样一段话："哦，好吧。我的确是犯了细节错误，我一直记错了他的出生地。现在这篇文章还没有被印到杂志上，所以一切还来得及。"

接下来，萨莉很快联系了杂志社的编辑，并且把修改后的文章重新发给了对方。10 分钟之后，网页更新了文章，问题就此解决。是的，萨莉是犯了一个小错误，但还没到断送职业生涯的地步。

哦，好吧。

这一周其余的几天，萨莉简直把这句话当成了口头禅。她把这句话打印成一条横幅，四十号字，就挂在自己办公桌上面。她还把这个妙招分享给了自己的丈夫巴特，他也是一位极其容易陷入"反刍式思维"的画家。与萨莉接触过的很多男性不一样，巴特是一个对别人的评价很敏感的人，而且总是在事后责怪自己：当时是不是可以做得更好。

巴特简直太爱这个方法了。有一天，萨莉去家里那间专属于丈夫的工作室接电话，在桌子的一角，巴特设计了一个不小的告示牌，上面印着字体加粗加大的一句话：

"哦，好吧。"

就让往事流走

马歇尔经常说起一个佛教寓言，用来劝诫别人苛责无用。这个寓言故事在《没有屡试不爽的方法》中提到过，但今天在这里也值得一提。

小和尚和师兄顺着一条小河漫步，朝寺庙的方向走着，这时他们看见溪边有一位身着新娘长礼服的年轻妇人，望着河水，哭得很伤心。问了原因才知道，这位新娘要到小河对面参加自己的婚礼，但若涉水而过，一定会打湿漂亮的礼服。

和尚是不能和女人有接触的，一些教派的确有这样严格的戒律。但小和尚真的很想帮助这位哭泣的新娘，于是他暂时放下了那些清规戒律，把新娘背过了河。在他蹚着河回来的路上，对岸的新娘一直在向他表达感谢。

但是他的师兄愤怒了："你怎么敢这么做呢？"他怒吼道："你难道不知道我们不能和女人有接触吗？你居然还背她过河！"

小和尚不以为然，但什么也没说。他就这么一路走着，享受着阳光和鸟鸣，还有师兄的唠叨作为背景音。一直到晚上，他已经睡着了，却被师兄又给喊醒了。

"你怎么能这么做呢？"他又一次怒吼道，"肯定会有其他人帮助那个女人的！你可是个和尚啊！"

"什么女人？"小和尚睡眼惺忪地问道。

"你这么快就忘了？那个你背过河的女人呀！"

"哦，她呀。"小和尚无奈地笑了，"我把她背过河就放下了，而你居然到现在还没放下她！"

这则寓言告诉我们一个很简单的道理：如果你犯了大多数人都会犯的小错误，最好的办法就是"让往事流走"，不要像那位愤怒的师兄一样，一遍又一遍地折磨自己，也折磨别人。已经过去的事情，就让它过去吧！

"不做"清单

也许你每天都会给自己列一个清单，上面写满了待办事项，还有下一步的计划—— 一大堆你需要完成的事情。也许你每天就是在一条一条地划掉清单上的事项中度过的，这会给你带来难以名状的喜悦与满足。也许你还喜欢回顾这些清单，因为它们都是你没有辜负时光以及努力证明自己价值的过程。

列出任务清单的确是一个管理时间的好方法，它会让你很有效率。甚至有时候你会觉得是这张清单在支配你的生活，你是它的雇员，每天的意义就是完成它交给你的使命，满足它的需求。

但是随着你的责任越来越大，待办事项越来越多，你就应该给自己列一个"不做"清单了。顾名思义，就是一个写满你不做的事情的清单。这个清单上可以包含你正在改掉的坏习惯，也可以列出无须你亲力亲为，而是可以放权给别人做的事情。有了这个清单，哪些是出力不讨好的事，哪些是应该让别人负责的事，哪些是你要放弃的事……一切都一目了然。

在执教过程中，萨莉总是劝谏进入高层的女性领导者们，一定要搞清楚自己每天该做什么，不该做什么。而前者列出来是清单，后者列出来就是"不做"清单。将二者平衡，你会对于自己的责任、人际关系网、工作计划等重要事项格外清晰。

如果在升职后，你依旧只列出一个任务清单，你就会被不断加码的责任所吞噬。很多繁重但无意义的工作会耗尽你对工作的激情，觉得每天都像在受刑。最终，你会在某个工作日醒来，然后问自己一句："这么活着还有什么意思？"

不管是大事还是小事，在列出"不做"清单时，你应该让它具体而明晰，不要写出一些态度、愿望或者其他难以执行的东西。这会让你的规划更加有用、有效，在一天的工作当中随时可以拿来参照。

在这里，萨莉列出了几条自己"不做"清单中的内容，供大家参考。

- 我不能再听见电话铃响一下以后就马上接起来，这会显得我非常沉不住气，而且也让我失去了做准备的时机。

- 对待别人的需求，我不能立刻答应或拒绝，而是要好好想想其中的利害关系。
- 我不能在听别人说话的时候乱点头，因为这很有可能被理解为同意或赞赏——即使有时候我没那么想。
- 我不会再努力让那个同事喜欢我了，因为她很明确地告诉过我，她就是讨厌我这种人。
- 我要让自己远离所有办公室八卦。
- 我以后不能再说"你说得对，但是我认为……"这样的话了，因为这会让对方听起来很不舒服，甚至对他而言是一种伤害。

耶里是一位来自丹佛的企业媒体顾问，她就曾经使用过"不做"清单法，并且坦言这个方法简直给自己的职业生涯带来了转机。她说："业务开始扩展时，我的任务清单每天、每周、每年都在增加，我感觉自己快要崩溃了。我本以为我终于走上了理想的职业生涯之路，但事实是我被职业生涯狠狠地踩在了脚下。而列出"不做"清单后，我终于清楚了该放掉的工作，这才走出了泥沼。现在，我已经养成了列出"不做"清单的习惯。不管是安排额外的员工会议，还是给参加儿子棒球练习赛的每个人准备午餐，如果我确定某件事不重要，而且不会给我带来任何好处，我就会毫不犹豫地对提需求的那个人说：'真不好意思，但是这件事已经列在我的不做清单上了。'"

苛责别人

如果你总是过于苛责自己，那么十有八九你也喜欢对别人"指指点点"。毕竟你总是以最高标准来要求自己，谁还敢指望你放过别人呢！

所以如果你决定参考上述方法来改变自我苛责的坏习惯，那么你最好也应该放下苛责别人的"恶习"。当你不再严以待人的时候，你会觉得日子轻松很多。因为在意别人的行为，就好像把别人的包袱背在了自己身上。

如果不加控制，对别人的苛责就会严重破坏企业的氛围及竞争力。在有些企业当中，员工为了升职而勾心斗角，不厌其烦地发现同事的缺点竟然成了他们有力的武器。试想一下，在挑刺儿上面耗费的时间和精力，如果拿来认真工作，将会带来多大的产出啊！况且，如果同事之间每日针锋相对，这一定会给彼此带来莫大的精神压力。

如果你或你的团队也处在这样的水深火热之中，你该怎么办呢？答案很简单：跳出来。在这样的情况下，你更要保持冷静，远离是非，独善其身。尤其在你打算改变自己坏习惯的关键阶段，千万不要思考挑出别人的错会给你带来怎样的好处。你一定要把目光放在自己身上，做力所能及的事情，并且学会自控。

眼睛多盯着自己看，这么做还有一个好处，那就是让你免于犯一个大多数人都会犯的错误：期待别人被自己的进步镇住。你要知道，在现实生活中，人们都很忙的，大家能把自己手上那摊事处理妥当就已经很累了，所以不会有人关注你对改变自己做出的努力，即使他们知道这些坏习惯正在阻碍你。这也是为什么我们前面提到的很多策略是让你主动吸引别人对你改变的关注度，比如前馈法或者其他自我宣传法，因为别人的关注会让你更容易进步。所以，把注意力放在自己有能力把控的事情上吧——通常你能把控的只有你自己。

习惯苛责别人的人，头脑中也很可能会有另一个误区，那就是希望别人和你一起改变。事实是，除非他们花钱报了什么培训班，不然你周围的人很少会产生"你变好，所以自己也要跟着变得更优秀"的想法。当你发现你的一个同事在提及自己的贡献时经常舌头打结，也许出于善意，你开始经常向她鼓吹谈论自己成绩的必要性。但别忘了，几个月之前的你和她一样啊！

"非此即彼"的极端思维方式也会在我们苛责别人时煽风点火，就像我们过度苛责自己时一样。你的团队要么是欣赏你并且总能出色完成任务的好下属，要么就是一群好吃懒做的混蛋。如果你的脑海中有了一点类似的想法，你就要警惕，因为这很可能会让你走上轻信小人或完全不信任他人的岔路。为什么这么说呢？因为当你用极端的、没有中间选项的标准来评价他人的时候，就说明你的判断力是有失水准的。

也许你现在已经反复审视自己有没有中招了，但我们还是要提醒你一点：不苛责别人，也包括不苛责你心里那些搞"办公室政治"的老板和同事。对，你瞧不上那些老板一提案就马上鼓掌喝彩的同事，因为那个提案老板之前都说过一次了。但你有没有想过，他为什么要当一个拍马屁的人呢？也许他有一家老小需要养活，而这么做或许是他眼里保住工作的最好方式。你也不要为老板重复了两次而感到惊讶，或许他真的很享受这种被拍马屁的感觉。

在苛责他人时，人们经常会说出这样的话："你能不能找一个靠谱的人来干这件事？"或者"我从来没见过这么差劲的合作伙伴！"

现在你该问问自己了，当你进入管理层时，是不是也经常用这样的话来评价别人？为什么会这样呢？我们自己明明总是欣赏并期待一位领导者能够做到和颜悦色，并且尊重和支持自己的下属。

的确，优秀的领导者有着强大的人格魅力，没有人不希望自己能与这样的领导共事，但这样的人实在是凤毛麟角，所以不要对领导的态度抱有太高期待。领导也是人，每个人坐上高位时都会有志得意满的倾向。

总结起来，苛责别人真不是件好事，它耽误了你的工作、浪费了你的时间，还会阻碍你做出积极的改变。而且不管你觉得自己掩饰得多好，苛责别人的习惯也还是会让你在无形之中伤害到他人。

所以，不管是苛责别人还是苛责自己，这对于你的人生来说一点益处都没有，并且这种习惯还会让你的心情一直很糟糕。你的人生本可以更好、更精彩，只要你放过自己，不再苛责。

20. 向从前的自己致敬

成功女性总是渴望更成功。既然你已经读到了这里，八成你也是其中之一。领导力教练都很喜欢培训女性领导者，因为她们总是认真地听取教练的分析，很少为自己的问题激烈辩解，并且还会对接下来的改变报以极大的热情，总是愿意积极配合，因为她们是如此渴望进步。

我们在第一节中提到的马歇尔对于弗朗西丝·赫塞尔本的指导经历就是一个很好的例子。弗朗西丝是马歇尔最崇敬的领导人之一，她曾受到过的嘉奖与荣誉，还有她所建立的强大人脉网足以证明她是一名不可多得的优秀领导者。

但是在马歇尔向她展示了"360°反馈法"的反馈结果之后，她的目光迅速放在了如何着手改变自己的计划上，这让马歇尔十分惊讶。虽然弗朗西丝如此渴望改变，但马歇尔立刻意识到，训练她的第一步应该是让她学会不要对自己太过苛责。

也许你和弗朗西丝一样，对改变自己有着莫大的渴望。如果真是如此，请一定别忘了任何事物都有两面，那些阻碍你的习惯也曾经给你带来过力量。这些力量让你走到今天，坐在了现在的位置上。是的，它们或许不会再对你的未来产生什么作用了。我们虽然想让你变得更好，想让你改掉这些习惯，但这些习惯本身并不是不可饶恕的罪恶。感谢那个过去的自己，致敬那些让你走到今天的习惯，这并不是什么错事。

对于这十二个坏习惯，你不妨这么想：

坏习惯一：不愿提及自己的贡献。这一定来自于你的谦虚之心，以及一双愿意发现别人优点的眼睛。

坏习惯二：期待别人自然而然地注意到你的贡献。那是因为你真的瞧不起那些上蹿下跳的"大话精"，你是一个具有埋头苦干的匠人精神的人，并且你能够发现别人的长处，所以很自然地会期待别人也对你做同样的事。

坏习惯三：过于看重专业技能的作用。这是因为你尊敬知识、崇尚专业，你希望自己的素养能够配得上自己的岗位。

坏习惯四：人缘好，但无法"利用"人缘。因为你更看重人和人之间的真感情，而不是对方能不能为你所用。

坏习惯五：没有在上任第一天就与下属建立联盟。这是因为你不希望给别人带来太多麻烦，你希望自己完全准备好之后再"登场"。

坏习惯六：更注重手头的工作，而不是职业生涯的总体发展。这是因为你很看重自己对公司的忠诚；同时也因为你是一个踏踏实实、稳扎稳打的人，你不期待"一夜翻身"，你更倾向于逐步提升。

坏习惯七：苛求完美。这是因为你不愿意让别人失望（尤其是你的家人），而且你希望通过自己的努力让这个世界更美好。

坏习惯八：总想取悦别人。这是因为你是一个无私奉献的人，你希望身边所有人都开开心心。

坏习惯九：极力"压缩"自己。这是因为你有一双察觉别人需求的眼睛，而且你想表示出对别人的尊重和关注。

坏习惯十：夹杂太多感情。这是因为你想要做真实的自己，并希望基于共同的经历与他人建立联结。

坏习惯十一："反刍式思维"。这是因为你具备深刻的思考能力，对待生活中事物，你绝对不会只看到表面。

坏习惯十二：总让你的"雷达"干扰你。这说明你的情商很高，总是能察觉到他人不易被察觉的情绪。同事也认为你具有超高的洞察力和关心他人的同情心。

所以现在你一定明白了我们之前说过的话："在阻碍你的习惯里，往往潜藏着能量。"勤奋、觉悟、有洞察力、愿意为他人付出，不愿总以自我为中心，这些是很多职场人都有的素养。

这些都是好事，它们都是你带给这个世界的礼物，并且这些素养一定给你的职业发展带来过帮助。正是由于这些习惯里潜藏着如此之大的能量，它们才会助力你的工作，让你为公司做出更多贡献，然后慢慢地让整个社会变得越来越好，所以在你走向职业生涯的"进阶"环节时才不愿舍弃它们。

　　然而你最终的目的是要完全开发自己的潜能，让自己发挥更大的价值。这时，曾经的那些好习惯就开始阻碍你了，因此你不得不逼迫自己走出舒适区。但你仍然要向过去的自己致敬，感谢那些让你走到今天的态度、技能、才华和习惯。请你感谢它们，也感谢过去的自己，然后告诉她：我明天会做得更好。